U0494946

后浪出版

仁者寿

儒门养生法要

龚鹏程 著

世界图书出版公司
北京 · 广州 · 上海 · 西安

目 录

第一章　小　引

养　生

养生，是中国人独有的观念。西方人也许更讲清洁、更讲卫生，但他们没有中国人这样的养生观及习俗。

例如春天来了，该如何吃、如何保养；待夏天渐至，又该如何，这叫“四时调摄”。衣、食、住、行均应依照四季之寒热湿燥及节气运行来做。相应的，也就有了一系列的风俗。

如三月三，是上巳，要修褉，去水边浣涤秽气。文人因此发展出“曲水流觞”之类雅集；一般士女则趁此走春、行春、游春，到水边做泼水之戏，既祈福辟邪，青年男女又可借此相识交友。整个活动，取象春生。

到了端午，则因是春夏之交，阴阳两气交冲，人容易生病，故端午节须挂菖蒲、洗艾草、喝雄黄酒、带香囊，以辟疠气。诸如此类风俗，背后都有四时调摄之养生观在起作用。

四季之外，人还须配合五行。以饮食来说，中式烹调素来讲究酸甜苦辣咸五味、青白红黄黑五色与食材之五行属性的配合。如今市面上标榜养生饮膳的各种产品，无不在此做文章，逞巧施能，蔚为大观。

而中国人见面，除了寒暄天气，还常夸人“气色佳、精神好”。闲时兀坐打瞌睡，则称是闭目养神。人老退休了，叫颐养天年或退居养老。不舒服了，旁人一定劝你勿再操劳，须在家多休养休养……凡此等等，不胜枚举，也都体现了养生这个观念无所不在。

这样的养生观以及它所形成的人生态度、社会风俗，你一定会想到它和道家重生、贵生、尊生的思想有关。是的，确实如此，道家顺天时、合自然，强调养生而不逆生、不伤生、不斫生，是十分明显的。我们四时调摄之食谱乃至药方，就有许多是由道教丹士传下来的。

儒家养生

不过，此非道家一系思想独有之功劳，影响中国人养生观更深、更大的，或许不是道家，而是儒家。在中国，文化上的许多方面，均是以儒家为主干，而道家为辅弼，养生亦不例外。

如此说，你或许会感到讶异。因为我们一想到儒家，就觉得那只是讲政事，整天想着治国平天下；或讲道德，整天教人守礼、法尊、德性的学派，跟个人养生长寿邈不相干。儒家代表人物，如孔子、孟子，整天奔走风尘，席不暇暖，弄得颠沛流离，困顿异常，更是大违养生之道，怎么说他们就开启了中国人重视养生的传统？

这就是有趣的地方啦！今人对传统太过陌生，这就是一例。

须知道家人物，如老子、彭祖之高寿，多是传说，不及儒家信而有征。像孔子年七十三、孟子年八十四，在那个时代，岂不都称得上是老寿星吗？孔门弟子，曾参七十、子贡七十一、子思八十二、子夏八十八，也都是长寿的。就连以“短命”著称的颜渊，也有四十一岁。先秦诸子，墨子弟子孟胜四十、屈原四十五、韩非四十八，其实跟颜渊也差不了太多。

儒家人物这样的命寿状况，在先秦，非常特殊，非但其他各家比不上，就是道家恐怕也还略逊一筹。因为道家人物，除了老子这种年岁无考者外，可考的，如列子、庄子七十六，尹文子六十六，尸佼、子华子、杨朱六十一，平均起来，仍低于儒家。

纵使是老聃，传说也不过一百二十左右，还不及荀子呢！荀子的年岁，史籍记载很明确，说他在齐宣王时，游学于齐，时已五十多岁了；到春申君卒后，终老于兰陵。可知其寿至一百四十岁以上。今人考史，不敢相信有人竟能长寿至此，多倾向于把五十游齐解释为十五。但即使如此，其岁数仍在百岁以上。何况春申君死后，荀子终老兰陵，又不知还活了多久，多有记载说他曾见到李斯相秦，甚至见过秦亡。假设如此，其老寿便更令人咋舌了。

讲这些，不是要争辩谁比较长寿。死生有命、富贵在天，本是儒家的态度，因此举这些老寿之例，只是想提醒读者注意儒者养生之学其实颇有可观罢了。

其学深邃繁密，非三言两语可以概括。但像本文第一段所说，就无一不与儒家养生学有关。

如四时调摄，便出于儒者月令之学，详见《逸周书·时训》《礼记·月令》。后世衍出四民月令、月令本草等，也就是我们现今“农民历”那一大套岁时宜忌风俗的源头。饮食起居，均要与此相配合。

五行呢？道家老庄都不谈五行，五行观念是儒家提倡起来的。公孙尼子云：“多食甘者，有益于肉而骨不利。多食苦者，有益于骨而筋不利。多食辛者，有益于筋而气不利。”公孙尼子的著作多已失传，故今不甚显名，但此语在民间流传不衰。有天我在台湾宜兰一家羊肉炉摊店，还看见它就被挂在墙上哩！

公孙尼子另有一说，谓人身体三百六十骨节上应天数，全身血脉则如江河川流。这种人身“小宇宙”的讲法，经汉儒韩婴、董仲舒推广，也深入人心。现在一般人以为它是中医或道家之说，而不知实出于儒门。

再说，颐养之养，出自《易经·颐卦》；养神之神，出自《荀子》，也是一般人不知道的。荀子以心为形之君、神明之主。与庄子说神是生之主，教人勿以养形为养生，而要“养生主”，适为同调。

这类养生观，细说下去，可就讲不完啦！许多东西，只是今人不懂而已，非儒家无此传统也。如房中术，世皆以为本诸道教，殊不知《汉书·艺文志》即载有《尧舜阴道》二十三卷、《汤盘庚阴道》二十卷，汉儒董仲舒等也都对此有所论述，这才形成了中国人的性事养生观。中国人特有的滋阴壮阳饮食观和医药观，即由此衍出。

凡此等等，读者循此线索慢慢寻绎，自能看见许多中国社会文化的特色及其幽微隐曲；对儒家，或许也可有些新的认识。

我这本书

由于现今社会历经五四运动以来现代化之变革，一般人对儒学传统已经十分陌生，因此我除了点明方向之外，尚须提供一些基本材料以免大家寻索之劳。

儒学的文献太多了，一般人都会有不知由何处找起之感。因此我选了一些，供各位入门参考。如有师友愿就此课题做些讲习或研究，这也可以作为基本教材。选得很简约，各位可各以己意补充之。

明代刘宗周《人谱类记》二卷，分体独篇、知几篇、凝道篇、考旋篇、作圣篇，皆集古人嘉言善行，分类录之，以为楷模。我这篇东西就是学他的。选文底下，附有简单的讲解，各位可以跟选文一段段对照着看。

选得简约、讲得简单，可能有些学界朋友要不满意了。但凡讲究养生的人，多是拿来主义，根本懒得动脑，只求能立刻实用就行。所以恐怕他们还要嫌我讲得啰嗦了，最好是一句咒语，念了就能长生不老。

而儒家养生也真的非常简单！因为儒家学问的特点就是难就难得要命，简单又简单得要死。虽义理深邃，讲也讲不完，然而这简单的解说，作为入门导读，却绝对够用了。各位依此修习，必能“仁者寿”！

写作因缘

有朋友问我为何忽然谈起养生，而且是谈儒家养生。嘿，我非“忽然”谈此，讲论经营此等学问数十年矣！

我于1989年即在台湾协助道教会创办了“中华道教学院”，担任教务长，后又任副院长。这是世上第一所道教学院，把原先父子秘传或师徒秘传的符箓、科仪、养生诀法等公开传授，初步奠定了现今两岸三地道教学院教学体系的规模。

道教本是我家传之学，当然自幼熟习。但我因要教这些课，重读《道藏》，却对道教有了些新体会。认为道家内涵复杂，老庄思想只是其中一个小源头，还有许多东西其实来自儒家。例如上章拜表等仪式、道职天官等建置，都本于儒家；伦理观与养生法，亦颇汲取于汉儒之说。我的《道教新论》一、二集里有不少文章即具体说明了这一点。

1996年我又替佛教界创办南华大学，设立“生死学研究所”，专门研究人的生死问题。这也是前所未有的新学科，筚路蓝缕而影响越来越大。

不过，生死学这个学科，本是由美国的“死亡学”转来的。亡友傅伟勋觉得只谈死不谈生，终非正道，故特扭转为生死学。但他不幸在南华刚开学时就物故了，由我秉其遗志继续推动。

然而其初期之发展毕竟仍受旧格局的限制，论死重于论生。那时又因社会需求殷切，所以兼办了“殡葬管理研习班”。最初只是试办，谁知在社会上引发了热烈的回响，以致后来一谈到生死学，大家便与殡葬联想在一起。生死学中有关“生”的部分，终究未能大畅其说。仅我写了《儒家的饮馔政治学》《儒家的性学与心性之学》等文，于1998年结集为《生活美学》一书，提倡生活的儒学，聊资平衡而已。

2000年，我又创办了佛光大学。这时就继生死学之后，又再创设了一个新学科：生命学。结合生命科学、身体观、民俗治疗、特异功能、医学、灵学、物理学等，综合地进行生命的探索。

这样的新学科，创立不易，要在现代大学的学科体制中生存发展也是很困难的。但我以为这是个值得发展的方向，尤其中国传统儒道释之思想资源，若借此得以开发出来，岂非一大贡献？故仍不遗余力地推动。

因办这几个学科，我们与医学院校合作不少。我还在长庚医科大学开设了一个讲座，解说中医相关技术与药方背后的观念及文化内涵，连教师们都来听讲，十分成功。我讲了一年，再由杜洁祥、宋光宇接棒。另又与谢正一合组了“自然医学学会”，而南华也同时开办了自然医学研究所。这在整个华人社会中都算是比较先进的。

佛光大学乃是佛教团体所办，宗教研究自是强项，其中亦有不少是与生命研究相配合的，例如陈玉玺先生的宗教心理学、谢剑先生的宗教人类学、刘国威的藏密研究等都是。宗教徒的修证生活及其心理状态，也是我们的研究重点。我自己本来就兼做这几方面的研究,故喁喁相和,颇得浚发之乐。

台湾的哲学界，那些年又受了后现代思潮的影响，对现代化、理性化这种西方启蒙运动以来的科学范式及相关思想颇申反省批判。一时之间，非理性思维、身体、情欲、性别论题大行其道。在儒学研究方面，与过去当代新儒家偏重于心体与性体的论述不同，这时就较会朝气、身体这方面去讨论。杨儒宾、黄俊杰诸君于此贡献良多。

这个思路,恰好与我上面所谈的一些工作是可以相呼应、相配合的。当时我正担任世界中国哲学会副会长，故顺应时势，策划过若干相关研讨活动;也与陈界华、李纪祥、周庆华、黄伟雄、孙中曾等人办了个“人文讲会”,专就身体议题进行探索,写了《教的身体观》《以人为药》《中国传统文化的形体观》等论文。

新儒家本身也是有新发展的。其“外王”部分，结合现代民主法治思想,对于儒学如何在现代社会中经世致用,有新的讨论;其“内圣”部分,则结合意义治疗、心理分析，希望能更贴近现代人心灵，解决现代人之迷惘。如曾昭旭、王邦雄、林安梧、郑志明诸师友，均于此建树甚多。我与之上下其论议，益觉吾道不孤。

在学院外部,江湖上讲的风水、命理、占卜、星象、整脊、推拿、按摩、针灸、灵药、瑜伽、芳香疗法、易卦、铁板神术、紫薇斗数等，本来就充斥于坊间。我们既开设生命学、生死学、自然医学诸学科，他们当然也就群来附益，希望可以获得学院正式认可，或合作办班，以获认证。

在台湾，这些看风水的，讲草药、推拿、按摩、民俗医疗的，谈命理、相法、占卜的，合称“五术”。指山、医、命、相、卜，以这五类来涵括所有数术行业（许多人以为这些都属道教，其实不然，另有体系与脉络）。我担任中华五术协会的首席顾问，与此辈人周旋应酬既久，悉其情伪、熟其门道，而愈伤其芜滥。因此鼓励洪富连先生成立“星命大学”，邀耆宿讲授正宗术数，以杜绝旁门左道。

这情况就跟道教学院类似。凡想从事数术行业的人都可以来上课，学正统的知识与技术，通过了考核，即可获得学士学位，若欲再求深造硕士、博士等级，就还要作研究、写论文。毕业时，也与正规大学一样，着修士袍、戴方帽，由我或其他学术界贤达授证。这也可算是以学界力量协助这些行业自律之一法。目前在大陆，就还没有人做这类工作，所以才会群魔乱舞，这也大师、那也大师，妖言惑众，徒乱人意。

综观这二十多年在生命学、生死学、宗教学、医学、哲学乃至数术等各方面对身、心、灵之综合探索，当然感慨良深。

本来，做学问最基本的就应该是为了要安顿我们自己的身心性命。但很可怜：现代学术，自清末以来，就走上了一条鹜外争胜之途。国家办教育，旨在富国强兵，故以科技、实用、工具性学科为主。个人求学之目的，也在谋求属于自己的富国强兵，希望得一好前程，可以赚大钱、博名声、拥有于现代丛林社会中竞争求胜的本领。弄到后来，上下交征利不说，每个人都处在丧失意义的危机（the crisis of meaning）中，不知整天追名逐利到底是为了什么。可是精神便因此耗弱了、身体便因此拖垮了、心理压力便因此增大了、时间也因此没有了。然后才再花钱用SPA、按摩、催眠、音波治疗、瑜伽、针灸等各种方法去治失眠、减压、放松，或参加各种身心灵研习班、各种禅修团队，去寻觅生命。你说，这不是神经病吗？

造成此种乱象的源头或源头之一，即是教育。可是现代教育体制本身对此恰好又是最没有反省力的。因此至今能真正面对这种时代病的科系及学者，实在太少了。当年我创设“生死学”为何如此困难，原因即在于此。

相对来说，传统的儒道释三教之学，在现代社会冲击之下，又长期受到压抑。欲求能在现代大学体制中存活，即须循从现代体制，采取一种客观、科学化、知识化的角度去研究，把它们讲成一大套与我们自己不相干的外在知识。这样的知识，当然与现代人之身心性命乃至现代社会都无法相应，于是我们便心安理得地说：“你看，传统那一套果然不适用于现代吧！还不快抛弃了它？”

可是，光只是照搬旧的一大套传统样式，例如仍采求神问卜、扶乩、掷筊、拜神、茹素、诵经、忏念等方式，就能安顿现代人之心灵吗？显然那也是不够的。传统形式的佛教、道教以及气功团体，未能开展出当代的生死学、生命学格局，而要等到我来做，就是这个缘故。

在传统宗教与现代教育科研体制都还未能针对现代人身心安顿问题提出办法的这个间隙，社会却是迫切需求着。正因需求面太大，而正当的供给不足，所以才有神棍、伪大师、江湖术士等类人之生存空间，借此敛财瞰名。

这种情况，大陆比台湾要严重得多。我过去二十多年推动过的生死学、生命学、自然医学、儒道佛教修证学，乃至命理数术之规范化、学术化，目前内地都还未开展，或只是初见端倪而已，尚待大力宏阐。

我既长期关注此事，有些经验，自亦不便放舍。前几年刚到大陆执教，要忙的事太杂，无力及此。去年旅行至尼泊尔，见到当地盛行的修行风气，有所触动，才写了《儒门修证法要》，具体阐述儒家的修行法。今春回台湾度岁，看到许多友人忽然显得老迈了，心中怅然。因想：修行证果之法虽然重要，可能还是谈得太远了；对一般人来说，更切近浅要，而且人人关心又日日可行的，恐怕还是养生问题。儒家修身之学本来也就包括养生，只是一般学者都不注意而已。因此趁便又写了《儒门养生法要》，作为修证的初阶。

今后我还会继续推动各种养生与修炼的讲座、研究和活动。编写《儒门养生法要》《儒门修证法要》，只是其中之一环，将来会再结合老团队与新朋友，续予推广。先讲儒家，是因为儒家之学比较切要，现今懂得的人又反而较少，故以此先之。将来会逐步扩及佛教、道教、五术，乃至西方身心灵的各种学问。

第二章　养生絮语

养

养生的养，是儒学中的关键字，意涵特别丰富。

例如儒家讲治病，就常只说是养病。《周礼·六官·疾医》："以五味五谷五药养其病。"这个养字就该解释为治。《孟子·尽心下》说："养心莫善于寡欲。"养，赵岐注也说它就是治的意思。

所以养不是自然地生长，而有人为地调理育化、让它归于正途之意。某些时候，养与义通用，均是合宜的意思，也是这个缘故。

不过，养这种治理调育，又不是刚性的、强力而为；乃是如风雨润物般，令其得以生长。故朱子解《孟子·离娄上》"中也养不中"的养字说："谓涵育熏陶，俟其自化也。"

我们谈养生，首先就须体会这个"养"字。如激烈运动、减肥、抽脂、节食、禁欲，或以药物攻治身心，便都失了养的宽和怡豫之感。

须知养之另一个含意正是乐。养字的字形，是食羊，意思是吃羊甚乐。故《广雅·释诂》解这个字说："养之言阳阳也。"王念孙疏证云："养，乐也。"阳阳是形容词，犹如我们现在说某人扬扬得意之扬扬，是一种自足的快乐感。养生就该如此，不是刻苦、勉强地去干一件差事。

生

生，也是儒学的关键字。

如何理解这个“生”字呢?

这生是有内涵的，非仅指自然生命。

我们常说仁者寿。仁者能寿，秘密即在于乐。所谓智者不惑、仁者不忧，仁者乐，所以能长寿。古人说知足常乐、乐天安命、敬业乐群、“学而时习之不亦说乎”“有朋自远方来不亦乐乎”“人不堪其忧，回也不改其乐”都扣住这个“乐”说。人生需活得快乐才有意义，否则光是活着，有何价值?

古代笑话曾有个段子说：医生告诫病人要戒烟、戒酒、戒色、戒一切嗜欲，谓如此便可再多活几年；病人听了，回答道：“若这么活着又有啥意思，倒不如死了算了！”

这虽是笑话，却点出了一个至理。人当然不必故意去烟酒声色，纵情以伤生；但追求长寿，光讲活得久却是不够的。活着忧苦操烦，还真不如死了得以安息。道家云“生为徭役，死为休息”，就着眼于此。

儒家强调天地之大德曰生，宇宙生生不息，故人亦应如天地运化般，充满了四时之生意。养生之养，即重在涵养这种生意、生机。养生之生，也不是一般意义上的生命年寿，而是指这种内在蕴含着无穷生命力的生命。犹如宋明理学家所经常用以形容的一个词汇：“鸢飞鱼跃，活泼泼地。”生命要与大化流行相同相符，也是如此活泼泼地，鱼跃鸢飞，生趣盎然。这才是生活，这才是生，这才乐了。

乐

平时我们说喜说乐，都是遇事而乐，如“人逢喜事精神爽”之类；或缘事或感物，遂生悲生喜。

儒家说的乐，其实不止这个层面。

如“有朋自远方来”“学而时习之”的喜悦，固然仍是因事因物而然；但“饭蔬食饮水，乐在其中矣”“人不堪其忧，回也不改其乐”的乐，却是其事绝不能令人兴起愉悦之感，而孔子、颜回却仍然甚是快乐。这种乐，便非因事因物而起。其乐在心，故虽处人所不堪、人皆以为忧之境，终不能夺其乐。

范仲淹的《岳阳楼记》整篇就都由此以区分立论。他先说一般人去岳阳楼，看到霪雨霏霏、浊浪排空，一片阴郁之景，必然为之伤感；若见春和景明，碧波万顷、一片皓广之景，则又会为之心旷神怡，其喜洋洋。但儒者之襟怀，却与他们不同，不会因外物外景而生悲喜，因此他说：“嗟夫，予尝求古仁人之心，或异二者之为，何哉？不以物喜，不以己悲。”

程伊川等理学家说要“寻孔颜乐处”，讲的也是这个区分。

他们具体理解孔子、颜回何以能不以物喜、不以己悲的道理，固然未必一致，但儒者之乐不系着于外物，这个认知乃是相同的。把这种其乐在心的情况，形容为“仁人之心”，也是一样的。

这即是孔子说的“仁者乐”。

仁者为何能如此之乐呢？《春秋繁露·必仁且智篇》解释道：“仁者，憯怛爱人，谨翕不争，好恶敦伦，无伤恶之心，无隐忌之志，无嫉妒之气，无感愁之欲，无险陂之事，无辟违之行，故其心舒，其志平，其气和，其欲节，其事易，其行道，故能平易和理而无事也。”

仁者乐

一般人总是升了官、赚了钱、饮美酒、逢人夸就喜；遭人批评詈骂或处逆境则哀、忧、愁、苦、憎、怨、诟、恨，以致哀乐伤生。儒者之乐正是要超越这个层次，长存豫泰的。

有如此平和舒愉的心境，当然就易养生得寿了。

所以《易经》说：“大人者，与天地合其德，与日月合其明，与四时合其序，与鬼神同其吉凶。”

与天地合其德，看起来好像很玄、很难，其实讲的就是大人的心量要宽和博易，要常感觉自己能像天地般生养涵育万事万物，不在一点小事上计较、不为一人一物揪心，能容众爱物，对一切人畜草木均有亲和之意。如此，便有仁者之襟怀，便可“养其天和”。

合四时

除了与天地合其德以外，还得要能与四时合其序。

这便是《春秋繁露》讲循天地、依四时那一套方法了。《周书·时训》《礼记·月令》等等都属此类学问。日常衣食住行都须顺着四季节令来，这是养生的基本原则。如春行秋令，大热天偏要烧热炕睡觉，这不是找死吗？

而这一部分，其实也不必太过刻意，仿佛要遵守什么军队纪律似的，中国人几千年来老早就把它发展成一套生活规则了，我们现在照着过便是。

什么生活规则呢？就是中国人的节日。

中国传统节日跟西方迥异。西方是受宗教影响，以圣人殉道、受难等为纪念日。近代则扩大为工人、女人、护士、诗人某一类人之纪念日。再加上政治性的什么开国、建军，乱七八糟一堆纪念日。中国古代没这一套，所有传统节日都是依四季节气来的，所以叫做“节”。

一年分成廿四节气。每逢此节，该有什么相应之举动、饮食、调理，均老早形成风俗，广行于民间了。

例如奇月双日基本上均是大凶日，须要招吉辟邪，去除不祥。

其中，正月初一，最凶，故招吉辟邪之力度须最大最强。因这是一年尽、一年来的关键时刻，冬欲尽、春将至，四季变转，于此肇端，最应谨慎。

三月三上巳，则要去水边洗涤，古人称为袚禊，以去除不祥。文人的兰亭雅集、民间的泼水湔浴均属此类。

五月五端阳，阳气交牾，亦大凶，故须吃雄黄酒，佩药囊，挂菖蒲、艾草，所谓划龙舟吊屈原，本意也是驱疫。各地逐瘟神、放烧王爷船等即属于此种风俗。七月七乞巧、九月九重阳，同样是重要节日，尤其九月九要登高、插茱萸，亦辟疠之意。

凡此节日，都有与之配合的饮食与游艺活动，我们照着做就好了。“与四时合其序”听起来有些吓人，其实再简易不过了。

时间医学

与四时合其序，是中国古老的智慧与传统。现代中医仅能从汉代的《黄帝内经》或明代针灸的“子午流注”法去说渊源。讲得太晚，不知此理在夏商周三代早已被人熟知且广泛运用于政治、社会、文化、军事等各方面了，养生亦严格依此行事，所以才有各种时日宜忌及节令风俗。

西方对此所知甚少，近年才有“时间医学”异军突起，成为新兴的热门学科。

时间医学（Chronomedicne）是1950年诞生的一门新兴生命科学，近十多年来在我国得到了迅速发展，每年都有大量论文发表。并且还有许多亚分支，如时间生理学、时间病理学、时间治疗学、时间药理学、时间护理学。

它一方面研究时间与人体生理变化的关系，另一方面研究时间与人体病理变化的关系。如人在一年四季中的情绪和体力变化，昼夜之间激素水平的变化，人体的免疫功能随季节、昼夜所发生的变化，妇女月经周期随月亮圆亏的变化等。

我们会发现，有些疾病总是集中在一年的某季或某月，集中在一月中的某旬或某日，集中在一日中的昼、夜或某时；有些药物对疾病的治疗作用总是在某个时间段效果好一些；有些疾病的患者总是在某个季节或某个时辰死亡率高。又如每年三月出生的婴儿神经管缺损发生率明显高，消化性溃疡容易在秋冬季发病。而昼夜节律的生理与病理变化也很值得注意，比如清晨6点至8点，是冠心病、癌症、肺心病等严重疾病患者死亡的高峰期；而晚6点至8点，是心脏病发作的第二个高峰期。夜间则是脑血栓发病的高峰期。某些药物在一日之内的不同时间服用效果明显不同，如糖皮质激素一般要求早上9点服用等。

正常饮食

我们一般人，非专业医师或养生专家，对时间医学不须懂得太多，只要大框架依四时，小框架依一天之正常作息就好。

什么是一天正常时间作息？日出而作、日入而息，三餐正常饮食即可。

常见许多人早上睡懒觉，晚上饮酒作乐，或逛窑子、趟酒吧；或熬夜加班，以示勤勉。这些都是取死之道，违背了天地自然之规律与自己身体的生物钟。一时放逸或勉强为之，岂能久乎？年轻时，体力充沛，尚可挥霍一二；中年以后，哪有本钱如此？

我们社会上还另有一些人，讲究心灵之净化，效法佛教徒茹素、过午不食、一日一食；还有些人想美容、塑身，效法道教徒辟谷、断食。

对于真有宗教信仰者，我们于此当然只能尊重。毕竟宗教徒必须在饮食及作息上与一般人有所区隔，否则就不易显示出他正在修行。何况，在宗教徒心目中，受罪正是享受。道德高不高，跟他能不能吃得了苦是直接相关的。但若非真欲修行徇教，一般人终究还是三餐正常饮食为宜，这也是符合时间医学原理的，不可不慎。

神智不衰

与日月合其明，谓人神智不衰，清明在躬，和日月一样。

这对养生来说，也很重要。养生不只是要寿命久长而已。试想若活着而老龄痴呆，失智失忆，或竟成了个植物人，或是老悖昏聩、喜怒无常，仿佛童孩，那活得久长又有啥意思？

然而，人老了，身体机能衰退，耳背目昏，乃正常现象。韩愈所谓“视茫茫而髮苍苍，而齿牙动摇”，谁也逃不掉。老龄失智、失忆或痴呆，也有生理因素，非尽能靠养生之法预防。一般人虽不至于如患老人痴呆病的人那样严重，但记忆力衰退，亦是必然的，虽圣哲恐亦不能例外。

不过，神智清明，不是指这种生理上的耳聪目明，而是精神性的。例如老子教人，把口张开，让人看看里头还有什么。人家看了，说牙全掉光啦，只剩舌头。老子的牙齿全掉完了，其衰老可知。可是《老子》五千言是多么聪慧的著作。形体之衰老，绝不能阻止他发出那强烈的智慧之光！

孔子也一样。我们读《论语》，看他教曾子、子游、子夏、子贡、颜回，何等精神，言语何等爽利明慧？实则子张小孔子四十八岁，曾子小孔子四十六岁，子游小孔子四十五岁，子夏小孔子四十四岁，颜回小孔子三十二岁，子贡小孔子三十一岁。孔子教他们时，年龄都已挺大了。《论语》所记他教诸君语，大抵皆在六七十岁之间，但你看那些话多么深刻有智慧，“与日月合其明”，毫不夸张。

其余著名儒者，虽未必皆能如孔如老，但几乎找不到老而昏悖、失智失忆的例子。为什么能如此？荀子说得好：心能虚一而静，就能获得大清明。“公生明，偏生暗，端悫生通，诈伪生塞，诚信生神，夸诞生惑”（不苟篇），一点儿也不错。

健康心态

关于养生，轶事甚多。据说有次中国文化书院诸导师聚坐闲话养生，翻译家杨宪益先生说他的秘诀是：抽烟、喝酒、不运动。梵学大师季羡林说他则是：每天必须吃七粒花生米、两个西红柿。哲学家张岱年的办法亦很绝，叫“一饱一倒”，谓饭后必卧床休息。

这些大学者都高寿。可是你瞧他们讲的养生秘诀，不仅类似开玩笑，抑且大违一般人谈养生的原则。而偏偏如此乱来竟又都克享高寿，你说这是什么缘故？

中国文化书院的朋友曾解释道：“老子曰：‘德可以延年。’方苞说：‘仁者寿。凡气之温和者寿，质之慈良者寿，量之宽容者寿，言之简默者寿，盖四者皆仁之端也，故曰仁者寿。’”

这个解释很好。

一般人说养生，都强调不抽烟、不喝酒、要运动、要饭后散步等。但显然许多长寿老人并不遵守这些，而也能长寿。倒不是说要长寿就须浓烟、烈酒、不运动，而是说这些人都有健康的心态，故虽抽烟、喝酒、不运动亦仍可寿考。仁者寿，强调的就是这一点。

古人形容一个人心态好，常说是“心有天和”“心君泰然”“涵养生机”等。这些都是“仁”的描述语。仁本身就是生机，就是冲和，就是泰然大定。一个人，生气勃发又冲和渊穆，能不长寿吗？

马一浮先生养生四诀说：“食要少，睡要早，心要好，事要了。”心要好一句，不知者以为是道学家在说教，殊不知其于养生实为至要，现代“心身医学”的发展尤其可以证明这一点。

心身医学

心身医学（Psychosomatics），指从身体、心理、社会各种层面去了解“病人与疾病”的全方位统合性医学。于20世纪30至40年代，才渐成一套医学体系。现代医学发展至此，终于回归“全人性”化的医疗。

时至今日，不但各大医院都有身心医学科、妇女身心医学科；坊间各培训、讲座、会所，也不断推出临床证实的减压课程，帮助都市人减轻压力与焦虑，提高睡眠质量与自我效能，增进身心平衡。还有许多佛教团体教你正念修行的愈疗力量、基督教团体教你如何以信仰缓解忧郁等。

心身医学主要关切“心身症”（Psychosomatic Disorders）。这种病是指身体疾病之发病及病程，与心理及社会因素有显著关系，且有清楚的功能性病理变化，例如胃溃疡。

此外还有心理生理障碍（Psychophysiological Disorders），指心理因素造成身体状况不良。

各种身心疾病间关系及发病机制原理，主要是心理因素造成身体疾病。例如刺激压力使得特殊人格特质者产生情绪问题，陷入无助、无望，以致功能性改变个人身体上某种弱点，陷入痛苦；或产生精神疾病，以身体症状或以疾病行为作为主要表现。心理或精神问题，也会因心理作祟而误认或怂恿，以致产生疑病（Hypochondriasis）或身体形式症（Somatoform Disorders）。

身体形式症的症状是：多样、多种器官症状抱恙、迁延经年。

也有转化症（Conversion Disorder），其症状以感觉、运动、意识障碍为主，多见于急诊，属急性发作、症状多不典型。

疑病症主要是“思想误解”认定自己有病，做出相关疾病各种思想及行为，其人“害怕”生病，但偏偏会单独发生及续发于其他精神疾病。

也有容貌变异恐惧症（Dysmorphophobia）。症状是：担心、恐惧容貌改变，害怕丑陋、变大、变小或毁容。此类人又分为两类型：

（1）妄想性：偏执误信某种想法。

（2）执著性：性格固执某种标准，或过度重现美丑，常找整形外科整容，而又总是难于满意。

另有一种人为性疾病（Factitious Disorder），症状是表演疾患角色行为，常自伤、住院开刀、反复住院难以治愈，有时说谎造作，一旦揭穿，即转院另求诊疗。病患多有人格问题。

佯病症（Malingering）则是：为达到某种目的而扮演病患角色。常见于逃兵、骄徒或寻求保险及补助补偿者。

其他还有许多精神疾病并发身体症状，例如性功能、饮食异常及伴生身体症状精神疾病等。

近年临终关怀（hospice care），尤其是身心医学的重要领域。因为临终病人情绪都十分恶劣，包括忧郁、焦虑、罪恶感、愤怒、怨恨。因而产生许多生理困扰，如呼吸困难、衰弱、恶心、呕吐、疼痛；或残障损失行为，如失禁、毁容、尊严损失、不可预期变化等。不但难于与医师亲友谈话，也无法安排生活。

由于临终病患的反应通常会有否认、隔离、愤恨、认命、讨价还价、忧郁、接纳等各阶段，医生可运用否认（Denial）、依赖（Dependency）、转移（Displacement）等防卫机制，来让他安静、安心、安宁、死得其所、保有尊严、少痛、安排妥当、达观。

总之，心身医学，说穿了就是寻找心灵的力量，来治疗身体疾病；或倒过来，不要让心情影响了健康。

讲到底，仍是那句老话：仁者寿。

讲仁者寿，你就觉得平淡无奇；说是身心医学、禅修、净化心灵、减压、身心灵平衡、信仰、慈悲、正念修行，你才觉得深刻、奇妙，这不是蠢吗？

养　心

心身医学，重在养心。如何养心则无定法。

王阳明即曾讲过：“君子养心之学，如良医治病，随其虚实寒热而斟酌补泄之。要在去病而已。初无一定之方，必使人人服之也。”

对于性格偏于躁动的人，可以教他静下来，利用静坐等法，调理心气。如是太过静惰的人，本来就懒慢，再教他静，可怎么得了？这时就应鼓励他动一动。

每天持续运动，本是让人持志专一的办法，不止在摇动躯体、伸展筋骨而已。故动与静，均是养心之一种方法。可以并行俱用，也可以视每个人的情况而选择其一，用心调剂你本身性格之不足。

一般人搞不懂，以为养心就该静，遂专去修禅、打坐、练习放松、冥想，弄得生命越来越枯涩，毫无生气与活力，还以为修炼有成了呢！你看市面上许多谈养生的人，精气内枯、肤血不泽、目光虚眊无神采，都属于这种病。男人而女气，女人而阴不扶阳，岂能寿乎？若去妇女心身医学科看看，你更可看到一大批这样的人。

明末儒者多练静坐，清初儒者颜习斋起来大声疾呼，叫大家勿再静坐了，应改而习动。针对的即是这样的情况。我们现在面对这类人，也应鼓励他们动一动。

但社会上练动功的人也很多，鹤翔功、太极导引、梅门气功、太极拳、跳舞等，不胜枚举。强调运动养生的人更多，慢跑、游泳、做瑜伽、上健身房……

此类强调动的人，也常有一个盲点：只知摇动身躯，伸展筋骨，而不懂得动不只是动，乃是静心凝志的一种方式，故仅练形体，与养心无涉。这，能长寿吗？

前引杨宪益开玩笑语，已说过许多长寿老人其实并不运动；许多讲究运动养生的人也终究没能长寿。此理，汉代儒者王充老早就讲过了。

他在《论衡·道虚篇》中批评道家教人导引长生之法是虚妄的：

> 道家或以导气养性，度世而不死，以为血脉在形体之中，不动摇屈伸，则闭塞不通。不通积聚，则为病而死。此又虚也。
>
> 夫人之形，犹草木之体也。草木在高山之巅，当疾风之冲，昼夜动摇者，能复胜彼隐在山谷间，障于疾风者乎？
>
> 案草木之生，动摇者伤而不畅，人之导引动摇形体者，何故寿而不死？夫血脉之藏于身也，犹江河之流地。江河之流，浊而不清，血脉之动，亦扰不安。不安，则犹人勤苦无聊也，安能得久生乎？

王充曾写过十六篇《养性书》，讲究“养气自守，适食则酒。闭目塞聪，爱精自保。适辅服药引导”，可见他也是一位养生家。但他强调养性，只把导引当做辅助，无怪乎他要反对那种以为光凭运动就能长寿的人了。

动　功

世传五禽戏、八段锦等，皆是道家动功。故儒家在动功方面，似乎并无特殊的导引运动之法。其实不然，这是因为儒家所说“礼、乐、射、御、书、数”六艺本身就含着动功。

礼要演习，揖让进退、升降屈拜、有容有仪、有舞有乐，本来就是要动的。乐之舞勺、舞象亦然，射箭、御车马更不用说。

尤其是射，古人极为重视，故有大射、宾射、燕射、乡射、泽宫之射等各种射礼。《礼记·射义》说：“射者，进退周还必中礼。内志正，外体直，然后持弓矢审固。持弓矢审固，然后可以言中。此可以观德行也。”又说：“射之为言者绎也，或曰舍也。绎者，各绎己之志也，故心平体正。”可见射本身就是用来养心调志的，儒家之学，身心一体，射礼正可体现此旨。

后世儒者渐不习射，游戏兴动，仅存于投壶。投壶礼现在也不流行了，整套礼几乎都已失传。倒是日本、韩国尚存遗风，而且发展得很好。日本许多女子成年礼更是选择用射礼来进行。因为少女习射，对发育中的女性身形健美非常有帮助。内志正，外体直，更可以调养她们中正平和的心气，故很受欢迎。

这个运动，不甚剧烈，但对心身都特别好，十分适合现代人。整个弓、箭、礼、仪，以及配乐、服制、器具之制作、穿戴、搭配，处处都蕴涵着文化深度，更是比现代都市人流行打高尔夫球高雅有趣得多。

我有一段时期曾在珠海的北京师范大学—香港浸会大学联合国际学院执教。该校推展全人教育，改革体育课程，聘请了一位日本弓道师来教学生日本弓道，实施后，效果非常好，学生均觉十分受益。

珠海恰好又有李军阳先生在提倡中华射道，欲恢复古代儒家的射礼射义，我亦曾与他合作，以助推广。在成都办侠文化节时，即安排军阳弟子张睿去演示，非常轰动，各大武林门派都觉大开眼界，不唯艺事可观，还可以看到文化。

我的国学院也办有六艺班，恢复射乃至骑射。所以射道虽然看起来是现代人所陌生的，但这种古代儒家主要动功仍不可忽视，在现代社会仍值得推荐给意欲养生的朋友。

卫　生

如觉射箭投壶还须如去打高尔夫球那般准备器具服装，且须到外面找个场地才能练习，不能每日运动。那么，我推荐真德秀的《卫生歌》给各位作为日常保养的小运动，非常实用：

天地之间人为贵，头象天兮足象地。
父母遗体宜宝之，箕畴五福寿为最。
卫生切要知三戒，大怒大欲并大醉。
三者若还有一焉，须防损失真元气。
欲求长先生戒性，火不出兮神自定。
木还去火不成灰，人能戒性还延命。
贪欲无穷忘却精，用心不已走元神。
劳形散尽中和气，更仗何能保此身。
心若太费费则竭，形若太劳劳则歇。
神若太伤伤则虚，气若太损损则绝。
世人欲识卫生道，喜乐有常嗔怒少。
心诚意正思虑除，顺理修身去烦恼。
春嘘明目夏呵心，秋呬冬吹肺肾宁。
四季长呼脾化食，三焦嘻却热难停。
发宜多梳气宜炼，齿宜数叩津宜咽。
子欲不死修昆仑，双手揩摩常在面。
春月少酸宜食甘，冬月宜苦不宜咸。
夏要增辛聊减苦，秋辛可省但加酸。
季月少咸甘略戒，逢然五臟保平安。

若能全减身康健，滋味偏多无病难。
春寒莫放绵衣薄，夏月汗多须换着。
秋冬衣冷渐加添，莫待病生才服药，
惟有夏月难调理，内有伏阴忌冰水。
瓜桃生冷宜少餐，免至秋来成虐痢。
心旺肾衰切宜记，君子之人守斋戒。
常令充实勿空虚，日食须当去油腻。
太饱伤神饥伤胃，太渴伤血多伤气。
饥渴饮食莫太过，免致膨脝损心肺。
醉后强饮饱强食，未有此身不生疾。
人资饮食以养生，去其甚者将安适。
食后徐行百步多，手摩脐腹食消磨。
夜半灵根灌清水，丹田浊气切须呵。
饮酒可以陶情性，大饮过多防有病。
肺为华盖倘受伤，咳嗽劳神能损命。
慎勿将盐去点茶，分明引贼入其家。
下焦虚冷令人瘦，伤肾伤脾防病加。
坐卧切防风入脑，脑内入风人不寿。
更兼醉饱卧风中，风才一入成灾咎。
养体须当节五辛，五辛不节养伤身。
莫教引动虚阳发，精竭容枯疾病萦。
不问在家并在外，若遇迅雷风雨至。
急须端肃敬天威，静室收心须少避。
恩爱牵缠不自由，利名索绊几时休。
放宽些子自家福，免致中年早白头。
顶天立地非容易，饱食暖衣宁不愧。
思量无以报洪恩，晨夕焚香谢天地。
身安寿永是如何，胸次平夷积善多。
惜命惜身兼惜气，请君熟玩卫生歌。

真德秀是朱熹后学，时号正宗，但此歌被收入道教《修真十书》中，可见其说也被道教界所认同。虽然如此，细看仍是儒。虽颇用了些道家术语与观念，但不脱儒家本色。

全文由《尚书·洪范篇》讲起，说天地间人最贵，人则福寿最要。但若欲长寿，即不能大怒大欲大醉。强调这三戒，乃儒家宗旨。因若想长寿便须养心养性，所以接着讲养性之法，教人勿劳心、耗散中和元气，才能够养性；能诚意正心了以后，再来讲养形之法。

养形修身之法，一是运用“嘘、呵、呬、吹、呼、嘻”六字去调理五脏。这六字，早在魏晋南北朝期间，就被修道人广泛运用了。六字呼应目、心、肺、肾、脾、三焦。

其次是梳发、叩齿、咽津，用手摩顶门、揩摩脸面。这是对身体的按摩。昆仑，指头顶，也有人说是指背后两肾之处，要用手常按摩。总之，不论何处，躯体自我按摩都是必要的。今人往往懒得自己按，都去美容院、按摩院找人按，自己光躺着睡觉，这能顶什么用？

再者就是注意穿衣吃饭。穿衣要注意寒暑。这个原则谁都懂，但常做不到。尤其是现代人，夏吹冷气、冬恃供暖，忽寒忽暑，非常容易生病，穿衣甚难合宜。女性尤以暴露为美，想尽办法露肩、露胸、露背、露脐、露腿、露趾，身体能不虚吗？

吃，则应讲究中和，勿太饱，也勿饥、勿渴，勿油腻、勿太辣、勿太咸，少饮酒、少吃甜、少食生冷之物，夏天更须注意要少饮冰水。这些，都是现代人致病之由。

另外是注意坐卧。坐卧均须防风，脑后风最易致病。迅雷暴风雨之日则应避免在户外晃荡。

最后回归到养心。教人心地放宽，勿受名利情爱牵扯，多积德等。

整篇是完整的儒家养生说，全面而扼要。唯其中不谈静坐或运动，仅提到呼吸气、梳发、叩齿、咽津、按摩等日常调理之法，十分简易。

按摩的具体方法是：“子后寅前睡觉来，瞑目叩齿二七回。吸新吐故毋令误，咽漱玉泉还养胎。摩热手心熨两眼，仍更揩擦额与面。中指时将摩鼻频，左右耳眼摩数遍。更能干浴遍身间，按臂时须扭两肩。纵有风劳诸冷气，何忧腰背复拘弯。”

静　坐

养生家多强调静坐。静坐时又讲究各种方法，例如说要双盘腿坐，要捏什么手诀之类。

许多人把这些讲得玄妙非常，其实均无一定之必要。

因为儒家是要动静一如的，动亦静、静亦静。上面的动与静字，指形体之动静，下面一个静字说心的静。真正要静的是心，不是形体。形体无论是动是静，心都应是静的，这才是真功夫、真本领。

有些人因心静不下来，故才会先试着把形体先静了，再来求心静。这即是静坐的缘起。

此法对大部分人来说也是有效的，所以儒者也常以此法为方便法门，鼓励人由静坐入手，借此静心。

姿

但静坐到底该如何坐，却无定式。只随意坐，舒适、宜入静就好。

如习惯坐在椅上，就闭目正坐，两手摊放膝上。背可靠着椅柱，也可不靠。如愿模仿古人跪坐，如日本人跪在榻榻米上，亦无不可。

至于趺坐，乃是印度、尼泊尔一带人之风俗。印度僧人来华后才传入我国，蔚为僧俗。但事实上华人体型及腿股结构与印度人、尼泊尔人不同，许多人这样坐起来并不舒服，双盘腿尤其困难。所以一般趺坐时都只交叉两足而已，并不真要求盘起。蒲团近来也改良了，后面垫高十来厘米，这样大腿及膝盖的压力才不会太大。

试着如此坐时，也勿逞强硬撑，坐一小段时间，必须起来走动，或如僧人打坐时之“跑香”，以活动下肢气血。否则久坐臃瘫，甚为常见。你绝不可相信达摩面壁，一坐九年，鸟在他身上筑了巢这类神话。达摩面壁之事，本出杜撰，乃后人误读达摩“凝心壁观”之禅法而附会的。一坐经年、坐破蒲团之类形容禅家工夫之语词，均不可拘泥，否则僧家就不会制定跑香之禅苑规制了。

此外，趺坐时，膝关节被撑开了，所以要备一小毛毯盖住膝头，以避风寒入骨。

许多人静坐未得其益、反受其害，皆是未注意这些细节所致。

如座椅上垂足坐、跪坐、趺坐都感觉不舒服，也可以试着蹲坐。中国是多民族抟合而成的，许多地方老百姓喜欢蹲坐，有时你给他一条板凳或一张椅子，他也还是要爬上椅子去蹲着，蹲在街边抽烟、吃饭、聊天者尤其常见。这是古来某些民族的旧俗，也是他们觉得最舒服的姿势。近代受西方影响，常认为如此蹲着似乎不文明，其实不然。静坐时更不须顾虑别人的看法，如果觉得蹲坐舒服，蹲坐又何妨？

静　虑

坐时手空下来，该放哪？

古人坐时捏手诀，便是为安置双手而想的办法。实际上，这也是怎么样都行的。或垂放于膝上，或抱持于丹田，或捏个手诀，种种形式，只要能帮助你静心就好。千万勿相信捏个什么手诀就会有什么神效、有什么感应。

如是两手抱持，或抱胸坐、或抱拳坐均可。如抱拳，一般是以左手包合右手，也可把左手大拇指插入右拳大拇指与食指间，如太极图式。若嫌麻烦，十指交叉垂放于丹田下亦可。

坐时行气、意守、数息或吐纳，乃佛道法门，儒家不讲这些，只须坐定澄心静虑即可。

坐时，眼一闭，其实思虑反而更纷沓，念念相续，也是很常见的事。

这时，硬要收摄，颇为困难，意守或数息，其实也未必管用。

我以为只须心下放松，不主动去想什么就好。浮起的念头，不必刻意去对治，任由它起伏。

因为这些思虑，本身即是散乱的，如飞花过眼，何必执其花片而数之，由它吹掠而过即可。如此则思虑虽若纷纭，而心不沾滞于其上，反得澄静。若因之涉想或硬要克敌治虑，都只能是治丝益棼、入于魔道。

调　息

调息也是养心之一法。朱子《调息箴》讲得很清楚："余作《调息箴》，亦是养心之一法。盖人心不定者，其鼻息嘘气常长，吸气常短，故须有以调之。息数停匀，则心亦渐定。所谓持其志勿暴其气也。"

道教的气功，重点在于服气，或使气在身体中运行；儒家的气功，在于调气息以定心志，所以两者貌似而实有不同。许多人看见朱熹写《调息铭》，便以为该铭是受了道教的影响，其实不然。

此法与佛教也不同，王阳明弟子王龙溪《调息法》明言：

> 欲习静坐，以调息为入门。使心有所寄，神气相守，亦权法也。调息与数息不同。数为有意，调为无意，委心虚无，不沈不乱。息调则心定，心定则息愈调。真息往来，呼吸之机，自能夺天地之造化。心息相依，是谓息息归根，命之蒂也。一念微明，常惺常寂。

王龙溪说这种儒家调息法叫做"燕息"。采用的是《易经》上"君子以向晦入宴息"的意思。此种方法，他认为与佛教的反息、道教的踵息一样。

其实不是的。龙溪喜用儒家去范围佛老，有三教合一倾向，故如此说。实则他早已明确辨析了此法与佛教禅观数息法不同之所在。透过调息来定心，与朱熹却是一致的。跟明末流行的袁了凡《静坐要诀》介绍之调息法则不同。袁了凡介绍的，主要是佛教天台止观。

如此定心静坐，对养生有效，可举一个例子以供谈助。

清朝江西藩司署中有位幕客，叫王子闲，中年以后就多病，夜不能睡，昼不能食。只能靠每天熬药汤提神。有位熊咏梅先生看他这般，就教他静坐。熊氏自己是学清初儒者李二曲静坐调息法的，所以要王氏每天不论早晚，得闲就闭目养神，收束此心。每次以一炷香为度。

王某姑且依他所教，试着静坐看看。一个月后，偶然在夜中静坐，忽然不自觉地睡着了。醒来觉得有点饿，找到一些饼饵吃了，再睡，居然睡到第二天早上才起来。起来又觉饿，又找了汤面吃。吃饱了扪腹，说："哎呀，没想到寝食之乐竟至于此呀！"把情况告诉熊氏，熊氏举白居易诗"学调气后衰中健，不动心来闹处闲"为释。事见熊氏墓志铭，又记载于俞樾《右台仙馆笔记》。

艮　背

静坐时，除了可用调息法来持志定心之外，也可以用艮背法。

艮背法源出《易经》艮卦。据彖传说："艮，止也"，是象山之卦；谓人应像山一般静止。山本来就象征仁者，所谓"仁者乐山，智者乐水"。艮为山，又象征仁者能"时止则止，时行则行，动静不失其时，其道光明"。

这是艮卦之大意。不过"艮背"不完全含这些意思，只就其一部分而说。重点有二，一是止，教人止欲。做人做事要知止，不可躁动躁进，被欲望牵着走。孔颖达疏："施止得所，则其道易成；施止不得其所，则其功难成。"即指此言。

二是要如何才能让人止欲呢？其法就类似后世道教讲的内视法。教人一一注视身体各部位，由脚趾到头。止，本来就与趾同义，故止法由脚趾开始：初六，艮其趾；六二，艮其腓，腓是腿肚子；九三，艮其限，限指腰；六四，艮其身，上身；六五，艮其辅，面颊；上九，敦艮，头顶。精神关注于这些部位，以练习让心意止摄。

《易经》本身讲这个方法时当然还很简略，后世儒者推阐之可就详细了。明人林光恩创立“三一教”，所行功法即是据此发展出的艮背法，有九层功序。读者有兴趣自亦可以参考，但大体能依《易经》之法锻炼也就够了。

关 息

还有一种更古老的调息之术，也不妨略作介绍，那就是汉代荀悦的“关息法”。

荀悦乃汉末史学家，著有《申鉴》。在该书《嫌俗篇》中他曾批评：“若夫导引蓄气，历脏内视，过则失中，可以治疾，皆非养性之圣术也。”这是指汉末流行的类似道教《黄庭经》所述的那种治气之法。通过内视腑脏的方式，导引内气。

这种方法，他认为不恰当，因为此法“失中”。如何才能“中”呢？他介绍说：“善治气者，犹禹之治水也。夫屈者以乎伸也，蓄者以乎虚也，内者以乎外也。气宜宣而遏之、体宜调而矫之、神宜平而抑之，必有失和者矣。”当时修道人之法，据他看，就不免有气不宣、体不调、神不平之弊，不够中和。因此他提出了另一种调息法：

> 善养性者无常术。得其和而已矣。邻脐二寸谓之关。关者，所以关藏呼吸之气，以禀授四气也。故长气者以关息。气短者，其息稍升、其脉稍促、其神稍越。至于以肩息而气舒，其神稍专。至于关息而气衍矣。故道者，常致气于关，是谓要术。

译成白话是说：养性的方法很多，关键在于要能得到“中和”。人的身体上也有关键处，就在肚脐附近二寸之处，称为关，是关藏气息的地方。呼吸绵长时，把气藏息到这里。气长而能息，才叫中和。若气短，就会气浮而不息，脉搏急促，精神不沉定。所以修炼者须要放宽肩膀、沉静呼吸，让气舒缓绵长些。如此，渐渐精神也就专一静定了。气都沉藏到关里，气自然也就平衍不浮动了。所以说，修道的人，要常把气存致关中，这是挺要紧的呀！

他讲的“关”，类似道教讲的丹田，但与道教丹田说乃是不同脉络的发展。因为儒家讲治气养心本来就已成传统。《大戴礼记·易本命篇》还谈到“食气者神明而寿”。所以治气养心除了孟子说的那种道德修养型的“养我浩然之气”的方法外，另有一型便是食气的，重视如何呼吸气以调养心性。

这一型，其理想模范是龟和鹤。鹤，据董仲舒《春秋繁露·循天之道》说是：“鹤之所以寿者，无死气于中也。”鹤怎么能没有死气呢？汉人浮丘公《相鹤经》解释说：“大喉以吐故、修颈以纳新，故生大寿不可量。”死气，指气积郁秽老于身体内，鹤能吐故纳新，故无之。以此为人所取法。

龟，汉人亦相信它能导引致气。《史记·龟策列传》云：“龟能行气导引。”是其证。龟的行气导引之法，主要是后世所谓的龟息，指气能藏息于身体中，经久不散。此与鹤之吐故纳新，恰好一张一敛，形成对比，而皆为汉儒所重。荀悦的关息法大抵兼采二者，如龟息之舒缓绵长，而不闭气；如鹤之吐故纳新，而重收藏，藏于关中。

关这个词，汉魏间道教也采用的。故《黄庭经》一开头就说：“上有黄庭下关元，前有幽阙后命门。”关，称为关元，是强调此处乃人元气之所在，与荀悦的讲法一致。至于它的具体位置，道家有各派不同的说法，荀悦也未实指，诸君只要晓得它在肚脐附近就可以了，不必拘泥于脐上脐下几寸几分。

中 和

关息，重点其实也不在呼吸，而在中和。

这才是儒家千法万诀的核心。一切修炼，讲来讲去，无非教你中和。中和是“仁者寿”的方法，也是仁者寿的原因，更是仁本身。所以诸君学养生，学这功法学那功法，切勿舍本逐末，只从技术面去看。须知儒家一切功法都是依“致中和”之原理创出的；一切功法之目的，也只是在教你“致中和”而已。

为明此理，不嫌辞费，让我再举两个例子。

一是北宋沈括，他在《梦溪笔谈·象数》中说：

> 黄者，中之色，庭者，宫之虚地也。古人以黄庭为脾，不然也。黄庭有名而无所，冲气之所在也，脾不能与也。脾主思虑，非思之所能到也。故养生家曰：能守黄庭，则能长生。黄庭者，以无所守为守。惟无所守，乃可以长生。或者又谓黄庭在二肾之间，又曰在心之下，又曰黄庭有神人守之，皆不然。黄庭者，虚而妙者也，强为之名。意可到则不得谓之虚，岂可求而得之也哉！

黄庭，就是道教《黄庭经》指的黄庭。自汉魏以来，注解黄庭的人均在猜黄庭到底指身体的什么部位。因整部经都在教人如何存思黄庭、存气黄庭，可是对“黄庭”到底该如何理解，实在是众说纷纭。有人说是脾，有人说是心，有人说指是房中术之房，有人说是头中明堂。沈括反对这类解释，把黄庭理解为中和之气的所在；能守中和，就能长生。

守中之法，他说要无所守地守。也就是勿如道教徒那样意守丹田、眉心、脐下、腹中或阴茎那样地守，也不必想象“身中神”。那些，依他看，都落于形迹，反而失之。

如此说，也就没什么具体功法可以锻炼了。

然而不然，儒者说无所为、无所守，也不是啥都不干的。无为无守，只是教人勿在形体上执著罢了。具体修持，仍可以有方法。犹如荀悦讲中和，而就具体教人去关息那样，沈括也有具体的养方技术。《笔谈补》卷三《杂志》说：

> 以春秋分时，吐翕咽津，存想腹胃，则有丹砂自腹中下璀然耀目。术家以为丹药，此中和之在人者。

这是具体养中和之气的方法。春分、秋分之时，乃阳气、阴气始成之候，配合时令，进行吐纳，然后咽津，把注意力集中到腹胃之间。这时小腹暖暖地如初日始升。道家可能把这种情况唤做内丹结胎，儒者则认为这只是中和之气的表现。

早期儒家，如孟子讲存养夜气，只是说人在清晨起来时，由于一夜清眠，夜气尚存，还未被日常俗事琐务及名利情爱诸欲望所干扰，因此人最中正和平、最清明，希望整天都能保持这种状态。这只是自然的、未受干扰的清和之气。后世儒者则要透过自身的努力，来追求、常养此中和之气。荀悦、沈括就代表了这种方向。他们的养生练气法，与道家有相似之处，但差异也甚明显。

儒道之分

另一个可谈的例证是苏东坡。

东坡与其弟子由的启蒙老师就是位道士。后来他们也长期炼丹并服食，与道教的关系极其深厚，也写了许多关于养生的篇章，都十分重要，深具参考价值。

由于东坡对养生一事钻研甚深，所以意见驳杂。胎息、外丹，他什么都练过；佛教的数息观、法界观、禅观，亦均有涉猎。故许多人认为他很有三教混揉的特色，开了后来会通三教以说养生的门径。

不过，东坡虽确是三教杂糅，但主要脉络却仍是清楚的。有把三教会通于儒家的态度。底下这篇文献，就是最好的证明。这是他于《续养生论》中对道教内丹法的吸收及诠释：

> 古之真人论内丹曰，五行颠倒术，龙从火内出。五行不顺行，虎向水中生。世未有知其说者也。
>
> 方五行之顺行也，则龙出于水、虎出于火，皆死之道也。心不官而肾为政，声色外诱，淫邪内发，壬癸之英，下流为人，或为腐坏，是汞龙之出于水也。喜怒哀乐皆出于心者也，喜则攫拿随之、怒则殴击随之、哀则擗踊随之，乐则抃舞随之。心动于内，而气应于外，是铅虎之出于火者也。汞龙之出于水、铅虎之出于火。有能出于火、有能出于水，而复返者乎？故曰皆死之道也。
>
> 真人教之以逆行，龙从火出、虎从水生也。其说若何？孔子曰：思无邪。凡有思皆邪也，而无思则土木也。孰能使有思而非邪，无思而非土木乎？盖必有无思之思焉。
>
> 夫无思之思，端正庄栗，如临君师，未尝一念放逸。然卒无所思，如龟毛兔角，非作故无，本性无故。是谓之戒。戒生定，定则出入息自住。出入息住，则心火不复炎。在《易》为离。离丽也，必有所丽，未尝独立，而汞其妃也。既不炎上，则从其妃矣。木火合，则壬癸之英，上流于脑，而溢于元英。若鼻液而不咸，非肾出故也，此汞龙之自火出者也。长生之药、内丹之萌，无过此者矣……

道教早期炼丹，主要是外丹，亦即用金石铅汞等矿物去烧炼，造出丹药。希望服食以后即能长生。今人吃补品调理身体，冀求延年，也是这个思路。但久而久之，许多人对这个路数起了怀疑，遂另辟蹊径，主张真正的药材就在我们身体里面，只要运用身中之水火去烹炼身中的铅汞，自然能结出大丹圣药。这种丹就称为内丹。

此一思路，正式确立，当在唐代中晚期。入宋以后，流传愈广。但因对于如何用身中水火去烹炼身中铅汞的方法，乃至什么是火、什么是水、什么是铅、什么是汞，大家认知不同，竟分化成许多派，有南、北、中、东、西几大系统。东坡当时，尚无如此多派别，故他大抵依据的，是当时最流行的吕洞宾之讲法。

吕洞宾的讲法很特别，他翻转古来对身体的认知，说历来均指心为火、肾为水，其实心才是真水，肾则为真火。这叫做“五行颠倒”，是修炼之秘诀。东坡说“古之真人论内丹曰，五行颠倒术，龙从火内出。五行不顺行，虎向水中生”，讲的就是这个道理。

由此再讲水火如何既济、心肾如何相交、龙虎如何匹配，一切功法都与古代对身体五行的认定不同。所以吕洞宾在修炼之道上，乃是个革命性的人物。诸位去看许多道观都把他单独奉祀起来，就晓得他的重要性了。尔后南、北、东、西诸派均以他为共同祖师。

东坡的态度，也是顺着吕祖的说法讲，替他做诠释。但这么一诠释，就不是道而是儒了。

首先，他把铅汞定性为气和水，谓铅指气、汞指水。又说气以肺主之，水以肝藏之，故肺为虎、肝为龙。这与大部分丹家很不相同。大部分内丹家均只说心肾，罕言肺肝。

其次，他论五行颠倒术，更全以儒家观点为说。

他说，五行顺行，代表人顺着欲望走，结果自然是一团糟，也不利于养生，乃取死之道。反之，逆行，颠倒五行，则是“思无邪”。

使思无邪之方法，更有意思，他说乃是无思之思。犹如人面对君师，心思自然端正庄重起来，而这却也不是想到要这样才能这样的，皆出于本心自然。人要时时守住这本性，不放逸，就叫做戒。由戒生定，能定，则气息出入不乱。气息出入不乱，心火就不上炎。如此，便也能达到道家讲的“还精补脑”之效果。肾水上入于脑，再由鼻出，看起来类似两条鼻涕垂了下来，而其实不是鼻涕，道家称之为“玉筋”，是修炼成道的证明。

过去孟子阐释人有善性时，举的例子是“乍见孺子之将入于井”，以此证明人皆有恻隐之心。现在东坡另由人面对君师时心思自然端正庄重起来，来说明人的本性无邪，只要不顺着喜怒情欲之发而动，就能定、能长生。理路相同。以“思无邪”来解释颠倒五行之原理，尤见巧思。至于铅、汞、龙、虎，是对道教修炼内丹的专业人士说的，不必太计较。

儒佛之分

近世莲宗大师印光老和尚曾多次刊行《不可录》，又增补成《寿康宝鉴》，又名《延寿保健之道》。老僧救世苦心，实可感人，然所述长寿之法仅戒色一端而已，颇觉狭隘。其法也十分简单：教人见美女即作“不净观”，想象她是七窍流血、口吐长舌的吊死鬼。

这种方法当然颇能救世，令人色心消减不少。

不过世界上孤阴不生、孤阳不长，佛教的出世断欲之法，终究只能是一种提醒、一种调节，不可能人人均如僧家那样窒欲远色。

佛教生在印度，为了反对印度教之性力崇拜，遂走入了反面的极端，其实是它的不幸。世上人人若都奉行其法，人类也就灭绝了。

何况色心真能断吗？名僧大德又有多少真能断了的，我不能无疑。就算真的能持戒，日日存着个畏惧情欲之心，总思量着要去克制压伏它，日子也就难过了。

儒家之法，不禁不戒，只教人勿淫，也就是勿太过。这才是中道。诗云：“巧笑倩兮，美目盼兮。”何必定要视美人为白骨，为尸血，为吊死鬼呢？

适当的性

元代李鹏飞《三元延寿参赞书》主张“欲不可绝”，立场正与印光法师相反。此书儒道相参，大体依循董仲舒等汉儒的房中观念，而集元代以前房中法之大成，颇可参考。

所谓“参赞”，即儒者说人能参赞化育之意。天地能生成万物，人也应如造化般生儿育女。故此书也包含“嗣续有方”“妊娠所忌”“婴儿所忌”各部分。也就是把男女媾精看成化育子嗣之一法，并不仅为了贪图性交的快乐。而性交之欲则以不可绝、不可早、不可纵、不可强、有所忘、有所避等各篇来阐述。与道教某些讲“还精补脑”“阴阳采补”的资料迥然异趣。

不过，即使如此，李鹏飞这等态度毕竟仍非儒家正脉，杂了点道家的气息。

依儒家观念，天地化生既然是生机洋溢之事，那就不该视为可畏可惧、要敬谨从事的工作。如人逢春日，自然生意萌发，精神健爽，本乎自然，且有许多喜气。男女性欲之萌发，亦即与天地之春生一般，可以化生万物，本身是很有喜气的，能令人愉悦。

故养生之道，一方面固然要提防纵逸，勿使太过；一方面又要令人长保此性欲与生机。毕竟，生命力如若枯槁了，岂能长寿？

医道重肾气，肾若亏虚，耗费太过，当然活不久；但若中阳不足，亦将病殆，正是同一个道理。健康、适当的性行为或性意识，对人是有正面功能的，不能仅由邪恶的一面去看，只强调它应不可早、不可纵、不可强、须避忌等；也不能仅将它看成是传宗接代的任务。

儒武养生

章太炎《菿汉昌言》说："自唐以上，儒者只习《中庸》文义，得其一端以致用者，反在击剑之士。击剑何以师《中庸》？取其至诚之道，使心不动也。盖聂目慑荆轲，去不敢留，有以知其不讲剑术。伯昏教射，必上窥青天、下潜黄泉，挥斥八极，神气不变。今之善手臂、工按蹻者，亦必调气习定，胥是旨矣。"

善手臂，指工于技击的武术家；工按蹻，指修炼导引的气功师。这些人都讲究调气、修静、修定，章先生认为皆出于儒者《中庸》之教。

《中庸》说什么呢？说诚心。能诚其心，专一致虑，自然就能如孟子说的"不动心"。人能不动心，白刃可蹈，无怪乎武术家、击剑之士要以此修炼之了。

我旧尝作《武士禅》一文，收入《武艺丛谈》（山东画报社出版）中，介绍日本武士如何引进佛教生死观来作为自己的修养，与章先生此说正可比观。儒家养心工夫，应用之妙，存乎一心，这即是个例子。

由此，亦不妨略略介绍日本的儒士与武士之养生观。

日本人的养生理论大体承传自中国。

幕末时期名医平野元良作《病家须知》《养性诀》，剑术名家天真传兵法[①]白井亨作跋，即认为其所说与武术颇有关系。关系在哪儿呢？在于气沉丹田之运用。

《养性诀》谓丹田为人体正中枢纽之地，通过吸外气而运行周身，可达内外一贯。此理，也被应用在书法、鼓乐、茶道、乘马、弓道等各项艺能中。例如写字时，脐下之气要上达于腕，贯入笔杆，手与笔相忘，才能运转得自在。泡茶时，要默观自己的头、面、脐，仿佛以丹田之水注入相对应的榻上水壶、茶碗之中，高低自然，手足忘运。驭马时，要丹田气力充实，而肢体虚无，自然就精神透贯，鞍、辔、鞭、镫咸与相合。射道，亦须身体中正，胸骨臂指皆虚，而丹田气实，才能弯弓中鹄。

诸如此类说法，非平野元良之创见，江户时代更早期的贝原益轩《养生训》等即有此类言词。该书且说此术武人尤应措意，而道士养气，比丘坐禅，亦皆用此脐下真气之法。

比丘坐禅而用此气术，最著名的，是东山天皇时代的白隐禅师。他属于禅家临济宗，但我依其《夜船闲话》诸书考之，其所谓养命长寿之诀，实在于以丹田气海集保神气，气聚则丹成，丹成则形固，近乎道教内丹术。具体之方法，是让心火降入丹田，然后往下走，入腰、足、足底；谓此为“见本来面目”。然后再上行，历观五脏，上及头顶。认为如此修炼即可以成仙。至少也可以增进食欲、充实体力、安定睡眠、消除悲怖等。

这显然不是禅法而是道家内视与内丹法，受内丹南宗白玉蟾影响不小。江户后期平田笃胤《志都的石屋》一书论丹田养生法，虽受白隐禅师影响，却又有所不同。他是每晚仰面躺着，两腿向前撑，全身之气集于丹田，次第充于腰、脚、足，呼吸百数，再缓力踏之。如此每晚四五

---

① 天真传兵法，又称天真白井流，是日本剑道流派之一，由剑客白井亨创立。——编者注

回。此说与白隐相较，就还用了佛教的数息法。

贝原益轩所讲的道士养气、比丘坐禅均用脐下真气法云云，所指即为此类。然而此类气法并未如平野元良那样把它应用到一切艺能上。应用了的，是佚齐樗山的《天狗艺术论》。

此书实即武用艺术论，而可应用于茶道、蹴鞠、曲艺、剑术、枪术、箭术、马术等一切人间生活中，认为主要都是气的修炼。

不过，佚齐樗山不只讲气，还重养心，并把它关联于儒家之学。

武术家、养生家之谈修炼，有取于儒家者，还有宫本武藏的名著《五轮书》。五轮者，地、水、火、风、空也。它取义于佛家思想，非常明显。但其实他也汲润于儒，自述说"今此书之作，综佛法、儒道、军记、兵法而为之"，乃是实话，只是一般人没注意罢了。

地、水、火、风、空，其实就与五行相配。江户时代的《竹内流极传秘方》也是如此，谓："我身非我身，地、水、火、风、空，青、黄、赤、白，方、圆、三角、半月、团形以为五体。头圆，天也。足方，地也。此体经脉十有二，是象一年十二月。"

这种把个人身体和天地宇宙合起来看，谓人体与天地相合，亦具阴阳、五行、十二月的思想，可说贯串于整个日本的人体观、养生论中。武术家论修炼亦皆本于此一思想。

如一刀流的觉道五要素：一、丨、＋、卐、〇各代表"唯一、绝对、神人合一、灵交灵止"。一是天，丨是地，＋是天地交合，＋之转向变化就是卐，〇则象征万物圆成。《武道极意》解释道："天地人三段法形，是汝我两人，上段下段相对于天地阴阳之形，由'无构'千变万化展开'有构'。变动之形，即是由无而有。整个宇宙，乃是无相大元之力德，阴阳两仪分之，此即显示为一或丨。一生二以后，万物生成，所以灵剑又意味着天数五、地数五，交合为十，即'人'之位。极意变化则为卐。及至森罗万象，圆满具足，复归于寂然不动。〇者，佛教所谓本来空无一物，明镜止水，若无相焉。"

阴阳、三才、五行、十二月在武术中的应用，大抵如此，各家都各逞其巧思。如合气道谓手掌五指打开即象征五行，或五瓣花开。人身小宇宙之观念，可以这样具体表现在武术家之形法技术上，更不用说心气修养上了。

阴阳、三才、四季、五行、十二月都是本于儒家思想的。大宫司朗《日本人的身体感觉唤醒》(《日本の身体感覚を呼び起こす》)一书，由《春秋繁露》等书讲起，介绍了日本这些思想与儒家的渊源，很可参看（2003年，原春房，尤其是第三章第二节第一目：东洋的人类小宇宙论［东洋における人间小宇宙论］)。

中庸之道

养生的原则：仁者寿。修行之方法：致中和。这个原理不难掌握，细说就会有上述各种调息、养心、动静，乃至合四时、节饮食诸般法门或细节，越说越复杂。

这些法门都可参考，但历来讲究养生的人参照这些方法去努力养生，却未必均能获益，为什么？

关心养生、努力养生的人，常患三种大毛病。

第一，东听一法，西学一秘，学这学那，讲究推求，仿佛生命中唯此一件大事，结果日日讲究养生而生命日陷于支离、忙乱，甚至惶惑不安之中。丧失了生命的乐趣，也不理会生命的价值与意义，似乎只要活着就好。这，岂不入了魔道吗？

太重养生，结果必是不能养生，养生也失了意义。故儒者中庸之道，乃是不能不重视养生，也不能太重视。

第二项大毛病，是重视养生而只注重那些细节、方法。不晓得应该在掌握大原则后，依此原则而发挥之，反而倒过来，在这些本是由原则发展出来的细节技术层面断断不已、孜孜以求。

其实王阳明、王龙溪等人都讲过：静坐等等皆是“权法”，是针对人的不同状态设想的通权达变之法，哪须人人遵循？又岂能人人遵循？

故一切法门，都只具参考价值，不具规范性。例如不抽烟、不喝酒，因而长寿的人很多，但抽浓烟、喝烈酒而长寿的例子同样不少。有人戒烟后活得久，有人戒了烟却很快就死了。有人每天运动都活不长，有人则根本不动倒活得久。这些都是不一定的。本来寿夭本于体气、短长缘于命数，原就难求一致。人为的养生之法，基本上讲的都是大体如此的状况，介绍的均是因机通权之方法，哪可执著？

现在却不然，注意养生的人颇有陷入技术狂之弊，在饮食、起居、动静各处肆其讲求。结果呢？

我看过一本《健康之道》，是宗教团体当善书来印送的，里面主要教人运动和注意饮食。饮食岂能不注意？但它说：

“千万不能喝牛奶。”

“千万不能吃味精。”

“千万不能吃方便面。”

“水果带给我们生命最高的能量。”

“最文明、最健康、最安全的餐具是陶瓷。”

“不宜吃辣椒。”凡此等等，都值得商榷，特显偏执。

自古人们就知道：人身体虚弱或大病之后要补益，即便是佛祖，也要允许人吃肉的。可是这本书为啥不说肉能带给我们生命最高的能量呢？因为它正是一本素食主义的宣传册。而陶瓷制作过程中颇含化学成分，何以就一定比用竹、木等做餐具更安全健康？辣椒可以发汗、去湿，对人又为何毫无好处，必须戒用？牛奶，许多民族都喝，中国北方民族向来亦以奶酪为食，命寿并不见得就比南方不惯蒜酪滋味者短，何以说千万不能喝牛奶？

该书这类偏执谬论，往往如此。它推荐的，例如“夏天吃西瓜，药方不用抓”“十全十美的马铃薯”或吃枸杞等，当然也都很好。但西瓜凉寒、枸杞多糖，某些人并不适合吃或多吃。马铃薯作为欧美人之主食，看来亦并不比吃米、吃面健康，还易造成肥胖症哩！

也就是说，坊间这些讲养生的书，一方面多显偏执，只从某个角度去讲，把原本是“权法”的东西讲成“真谛”。一方面又只在这些饮食、运动、起居细节上琐琐碎碎，执著不已。一个人，如真照它所说的去生活，绝不能吃油炸物、腌制物、加工类食品、饼干类食品、汽水可乐类食品、罐头类食品、冷冻类食品、烧烤类食品等，时时关注该吃什么、该喝什么，弄得神经兮兮、紧紧张张、草木皆兵，那也就不用活了。

儒家养生，不纠缠于这些支微末节上，更不在这些地方逞其小慧，掌握大原则即可，权法均只能参考。

关注养生的人，第三项大病，则是关爱自己太多了！

“爱你自己多一点”是一句骗女人来消费，买其保养品、化妆品的广告词。这句话挑拨起女人的怨气，觉得自己一辈子都在付出，为家、为丈夫、为儿女，所以做报复性消费，花点钱为自己打点打点也是应该的。广告词，当然能如战争时的口号那样，骗人去送钱或送死，但永远不是真理。

讲究养生的人，病根子恰好在于爱自己太多了。

人因为关心自己的身体状况，所以才会注意养生。所以爱自己是重视养生的动力、先决条件，这是无疑的。

但儒家说的“仁者寿”，却并不是爱自己，而是爱人。是因心中充满了对世界、对人、对万物的关怀，而胸次浩然愉然、精神焕然畅然。不知此理，只注意保持自己的好心情，达观、乐观、忘掉过去、享受现在等，都只是自私为己，非仁者爱人之道，只算得是杨朱的信徒。

如今，天下言养生者多矣，然而不是这类自私自利的小人，就是胡说八道的偏执狂，还有一堆高谈养生的活死人，岂不哀哉！

第三章　儒医养生

中医养生、西医治病。谈到养生，当然要由中医说起。

坊间贩说中医养生的机构与图书，不胜枚举；可是真能明白中医内部义理分歧者，又有多少呢？还有许多人谈到中医，就认为是以老庄道家思想为主的。不晓得中医史乃是由巫医到道医、再到儒医的过程。宋代以后，儒医已成主流正宗。故所谓中医养生，大抵就是儒家养生理论的一部分运用。

要说明儒家养生与道家养生有何不同，最简要的办法，也莫过于重新检视一下中医史。

中国医学的发展，起于巫祝之禁咒祈禳，认为疾病是因鬼神作祟之故。其后则用汤醴草药，并逐渐采用针法与灸法。在战国以迄秦汉之际，经脉理论渐次形成。鬼神祟人之观念，渐为“邪气致疾论”所替代，因而发展出以“补泻”为基本原则的调经理气治病法，并由针灸运用到汤液方面，导致医术发生典范转移的现象。古之巫医，分化成为巫与医。

不过巫与医的分化并不斩截，仍多相混，所以此时的医术也可称为“道医”。由《马王堆医书》《太平经》《素问》的道教传本以及《素问》的注解中，我们即可窥知秦汉南北朝医学主要是根据道教思想，广泛吸收禁咒、存思、服气、按摩诸术法在发展着。

宋朝以后，医者之传承渐渐依附于儒学体系，出现“儒医”的观念，不但以《易经》等儒家经典来解释医籍，排斥禁咒、服食、辟谷、调气诸法，且不承认神仙家及房中术可列入医学传统中，形成另一次典范转移的变革。原先的“道林养性”之说，渐成“儒门事亲”之业。

中医传统的变迁

所谓儒医，就是医术在宋以后，渐与儒业合流。据《宋史》，医学初隶太常寺，崇宁间改隶国子监，分上舍、内舍、外舍，属于太学，亦有科举。且儒者从事医学颇多，如今传《苏沈良方》八卷，即是沈括所集药方，而后人又以苏轼医学杂说附之者。苏轼有友人庞安时则著有《伤寒总病论》六卷。安时弟子张扩、侄孙张杲又著《医说》十卷。

同时金张从正则撰有《儒门事亲》十五卷，谓医道为儒者奉亲必备之知识与技能。至元朱震亨，乃许谦门人，以医为儒者格致之学，著《格致余论》，为一代医宗。

嗣后如明朱崇正作《仁斋直指》附遗，崇正即字宗儒。儒者本其格物致知之态度以究探医学，并借以表达仁人爱物之意，医儒一体。朱震亨与朱崇正这些例子，都具有典型的意义。后世“儒医”成为一个常用词汇，便是因此而来的。

但医术在此之前，与神仙方伎或道教的渊源恐怕更为密切。孙思邈《千金翼方》卷二九《禁经上》说：“医方千卷，未尽其性，故有汤药焉、有针灸焉、有禁咒焉、有符印焉、有导引焉。”这些医术方法，不仅禁咒、符印、导引与道教有关，汤液针灸也一样。道教《太平经》中即已叙述针灸之法；采药烧制为汤液，也往往与道教之观念有关。如《千金翼方》中说云实味辛苦，可止痛除寒热，其花“主见鬼精物，多食令人狂走。杀精物，下水烧之致鬼。久服轻身，通神明”，列为草部上品之下。诸如此类，所在多有，孙思邈说，“原夫神医秘术，至赜参于道枢”（《序》），是一点也不错的。

古之医师，往往又被称为巫医，孔子所谓：“南人有言，人而无恒，不可以为巫医。”医术与巫祝关系密切，是有其历史渊源的。

儒医出现后，巫医或道医的传统便屡遭质疑。像《四库提要》一方面说“方药之事，术家能习其技，而不能知其所以然，儒者能明其理，而又往往未经试验”，把医儒并论；一方面则把接近巫医者贬为方伎术数，或别收入术数类中，不承认它属于医学论著（如《太素脉法》列入术数类杂技术之属、王冰《玄珠密语》列入占候之属），或虽仍视为医书，却持批判之立场。

例如它说明李中梓《删补颐生微论》四卷："兼及道书修炼如去三尸、行呵吸等法，皆非医家本术也。"说明吴正伦《养生类要》二卷："上卷载导引诀、卫生歌及炼红铅秋石之法。下卷分春夏秋冬诸证宜忌合用方法，盖兼涉乎道家之说者也。"又说陈会撰、刘瑾补辑的《神应经》："前有宗派图一页，称梓桑君席宏达，九传至席华叔，十传至席信卿，十一传至会。会传二十四人，嫡传者二人，一曰康叔达，一即瑾也。又有席宏达誓词，谓传道者必盟天歃血，立誓以传，当于宗派图下注其姓名。如或妄传非人，私相付受，阴有天刑，明有阳谴云云，是道家野谈耳……"显然都是把医家和道家严格地区分开来，认为医书中不应杂有那些道家方伎。

如此一来，巫与医、道与医之关联性就被切断了。其实质相关的部分，要不就隐匿成为视而不见或无关宏旨的东西，要不就成为可批判的对象。

换言之，在西医尚未对中医传统形成全面挑战和巨大冲击之前，中医内部已出现了传统的变迁。古重伤寒，宋以后重温热；古重针灸，宋以后重汤液；古为巫医道医，宋以后为儒医。至于河间与丹溪泻火滋阴之争，则如汉学中有古今文之争、宋学中有程朱陆王之别。而其中涉及全面医学观念和体系变动的，当然仍应推"巫医、道医"和"儒医"的区别了。

由巫医到巫与医

上古巫祝实施医疗工作，是普遍存在于世界各角落、各民族中的事。其术法各不相同，但有一个基本观念是相同的，那就是巫祝常以鬼神邪魔来解释病因。故治病其实也就是驱邪赶鬼镇煞的过程。此一过程既是巫仪，也是医术。

孙思邈所说，医术的“禁咒”“符印”，指的就是这类巫仪，古称为祝由。《内经素问·移精变气论》载：

> 黄帝问曰：“余闻古之治病，惟其移精变气，可祝由而已。今世治病，毒药治其内，针石治其外，或愈或不愈，何也？”岐伯对曰：“往古人居禽兽之间，动作以避寒、阴居以避暑，内无眷慕之情，外无伸宦之形。此恬淡之世，邪不能深入也。故毒药不能治其内，针石不能治其外，故可移精祝由而已。当今之世不然，忧患缘其内，苦形伤其外……所以小病必甚，大病必死，故祝由不能已也”。

说古人治病，仅用“祝由”。后来祝由已无用，才采用汤液药剂及针灸之法，原因则是古人淳厚，今人多虚耗。

实情当然不是如此，实情是：古治病以祝由为主，然祝由并非完全不用药石针灸，只是其施药用针均在一种巫祝的仪式中，共同构成疗效（详下文），至《内经》则单独使用药石。治法不同，代表观念不同。不同在于祝由疗法对疾病起因的解释，以鬼神邪魅为主；《内经》开始，把“邪”解释为“邪气”，包括内气（五脏六腑之内的血气），以及外气，如寒暑燥湿风热，若邪逆不顺，身体就会生病。治病之法，遂仅是去除病人之风邪而已，不必祝由。这是中国医学上第一次大转变，时间则正好在周秦之际，是整个古文化在春秋战国发生剧变的一部分。

经此变动后，《内经》所代表的“调经理气医学论”，成为医术正宗。循其术者，竟渐不知祝由为何物。隋全元起注，谓“祝由，南方神”，竟误以祝由为蚩尤了。

今存最古老的禁方，是马王堆出土的《杂禁方》。孙思邈《千金翼方》卷廿九、三十《禁经》上下论禁咒则最详。它的前面两卷就是针灸上下。其后《外台秘要》所收，也“多古来专门秘授之遗”，如以千年梳治虱瘕、以念珠取误吞渔钩之类。

隋朝巢元方所编我国第一本病因论著作《诸病源候论》也间采禁咒法。如卷二七言欲治头发秃落，须于理发时，向东方梳理之，叩齿九通，念咒曰“太帝散灵，五老返真，泥丸玄华，保精长存。左拘隐月，右引日根，六合清炼，百神受恩”，咒毕，咽唾三次。卷二八说要治视力昏茫之病，在早晨起床后，把食指弯起来，摩眼而咒曰“西王母女，名曰益畅，赐我目，受之于口”。

也就是说，巫医的禁咒章符治病法，到了秦汉间已丧失了它的典范地位，《内经》《灵枢》《伤寒论》所代表的调经理气治病法取而代之。但所谓替代，可能更恰当的说法乃是融摄与分裂。旧传统一部分被新传统取代了，一部分保存下去，继续发展，另一部分则被吸收进新的体系中。

在体系中的禁咒章符，称为医学，在体系外的则被视为道家之方伎。医巫分家，而又秘应潜通，既是分裂的又是相融摄的。

经脉理论的形成

《内经·素问·移精变气论篇》载黄帝语云：“古之治病，惟其移精变气，可祝由而已。中古之治病，汤液十日，以去八风五痹之病。十日不已，治以草苏草荄之枝。今世治病，毒药治其内，针石治其外。”所谓上古、中古、今世，其实就是说医学的演变史。古以巫祝治病为主，其后则用汤醴草药，又其后乃发展出针灸之法。《内经》《灵枢》就是以阐述针法为主。

运用针灸治病，与经脉的发现有密切之关系。在《内经》中，对十二经脉的描述，已非常详尽。与其搭配的《灵枢经》，阐释针法，论脉尤其缜悉。据传为战国时期名医秦越人所撰《难经》，原本即是为了解释《内经》等书之疑难而作，故除了更加详细地解说十二经脉之外，对“奇经八脉”也有充分的说明。

可是，从马王堆出土了另一批经脉理论的文献。其一，整理者题为“阴阳十一脉灸经”，另二本题为“足臂十一脉灸经”，有甲乙本。所说的经脉状况却与《内经》等书颇为不同。

推测其原因，可能是时代的差异。马王堆帛书所叙述的脉法与脉象，均较粗糙，或许是经脉理论初起时的东西。《内经》等则时代较晚，体系遂较详晢。但也可能是流传异地的缘故，经脉理论或许是在不同地区发展起来的，因此导致了马王堆医书与《内经》之理论并不相同。当然，还有一种可能性，那就是由针法与灸法分别发展出来的经脉说，导致了它们的差异。

马王堆阴阳十一脉灸经		马王堆足臂十一脉灸经（甲、乙本）		灵枢十二经脉		
肩脉	起于耳后，下肩，乘手背	臂太阳温	出小指，循骨出肩，出项至目外眦	手太阳	小肠	起小指之端，出肩上，入缺盆络心，循咽下膈，抵胃
齿脉	起于次指与大指上，出臂入肘中，穿颊入齿、夹鼻	臂阳明温	出中指间，循骨上，之口	手阳明	大肠	起大指次指之端，入肘，上肩，下入缺盆，络肺下膈
耳脉	起于手臂，山山臂外两骨之间，出肘，入耳中	臂少阳温	出中指，循臂上骨，凑耳	手少阳	三焦	起小指次指之端，循手上肘，入膻中，下膈，循属三焦
臂巨阴脉	在手掌中，出内阴两骨间，出臂，入心	臂太阴温	循筋上廉，出腋，之心	手太阴	肺	起中焦，循胃口，出腋下，下肘中，出大指之端
				手厥阴	心	起胸中，出属心包络，下膈，历络三焦
臂少阴脉	起臂两骨之间，出臑内阴	臂少阴温	循筋下廉，出腋，凑眦	手少阴	心	起心中，下膈，络小肠（起中指之端）

马王堆阴阳十一脉灸经		马王堆足臂十一脉灸经（甲、乙本）		灵枢十二经脉		
巨阳脉	出外踝中，夹脊，出于顶，入目内眦	足太阳温	出自外踝，上贯目眦，之鼻	足太阳	膀胱	起目内眦
阳明派	出胫骨外，穿乳，穿颊，环颜	足阳明温	循小腿骨，由小腹上之鼻	足阳明	胃	起于鼻，入上齿中，循颊，上耳，至额头
少阳派	出于踝前，上出鱼股，出目前	足少明温	出于踝前，贯腋，出目外眦	足少阳	胆	起于目锐眦，上头，下耳后，至肩上
大阴脉	是胃脉也，出鱼股	足太阴温	出大指内廉骨际，由膝内出股内	足太阴	脾	起大指之端，入腹，上膈，注心中
厥阳派	出足大指丛毛之上。由足入小腹，止目大眦旁	足厥阴温	循大指间，交太阴脉，由股内上入脞间	足厥阴	肝	起大指之际，循股，抵小腹，上贯膈，循喉，上入头，与督脉会于顶
少阴脉	出内踝，穿脊，系肾，夹舌	足少阴温	出内踝，入腹，出眦系舌根	足少阴	肾	起于小指之下，表足心，上股，贯脊

马王堆的三份资料，很明显可分为两个系统，《足臂十一脉灸经》已与《内经》《灵枢》相似。除了缺少臂厥阴之外，基本上符合三阴三阳分属手足的架构。《阴阳十一脉灸经》则完全不同，只有臂巨阴与少阴，其余三阴三阳并不指明是属于足。其中，接近《灵枢》所说的足太阴脉，只称为大阴，且明说它是胃脉。胃脉之说，又应与它谈到的肩脉、齿脉、耳脉合看。如此，则其架构应是臂二阴，足二阴三阳，加上胃、肩、齿、耳，共十一脉。

这是架构的不同。其次，则为脉络不同。由上表可以看到，对每一条脉络的描述，彼此是不相同的。即使暂时撇开差异较大的《阴阳十一脉灸经》不说，马王堆《足臂十一脉灸经》与《灵枢》也仅有表面的相似性。臂太阳，由小指到眼睛内侧；手太阳却由小指到胃；足太阳，或起于眼睛内侧，或起于外脚踝，路线之差异极大。起止之处也常颠倒，如臂太阴是由手到心，手太阴却说是由中焦到大拇指。足阳明，一说起于鼻，一说止于鼻；足少阳，一说止于目外眦，一说起于目外眦；足外阳，或起于足外踝，上贯目眦，入鼻，或说起于目内眦。都刚好颠倒了。《阴阳十一脉灸经》所述肩脉，起于耳后者，更与其他经脉难以匹俪。

经脉数目不同，或十一，或十二；架构不同，或归手与臂，或否；经脉路线也不同。此外，更有经脉与脏腑关系认定上的不同。

将五脏六腑与经脉相配合，是《内经》的杰作，马王堆医书显然尚未如此处理。《内经·素问·金匮真言论篇》说"肝、心、脾、肺、肾五脏皆为阴。胆、胃、大肠、小肠、膀胱、三焦，六腑皆为阳"，但十一脏腑配十二阴阳经脉是配不起来的，因此心必须配两脉。马王堆两类灸经都没有谈到脏腑与经脉相配的问题，也没有手厥阴经，故无《内经》之配属，亦无其困难。具体指明的胃脉，更与《内经》《灵枢》所说的胃足阳明脉迥异。

至于奇经八脉，所谓阳维、阴维、阳蹻、阴蹻、冲、督、任、带，不仅不见于马王堆医书，《素问》《灵枢》亦罕道及。《灵枢》描述足厥阴脉循喉咙上入头，与督脉会于顶，可见已有督脉之观念；但因其理论之重点在于三阴三阳之离合，故对奇经八脉并不强调。但马王堆《足臂十一脉灸经》说厥阴所交会者乃太阴脉，根本不谈督脉之问题。彼此差异，实极明显。

由这六大不同看来，战国以迄汉初，应当是经脉理论初起之际，或分流竞进、或踵事增华，故彼此之间，尚莫衷一是。自古相传，谓《内经》《灵枢》来源甚古，《难经》则为战国间秦越人所作，恐怕都不确。像《难经》那么详密的经脉理论，最早也要到西汉中叶才能完成。

当时的经脉理论，乃是与针灸相配合的。其基本原则，在于"补泻"。马王堆《脉法》云"治病者取有余而益不足也"，《内经·调经论篇》云

“余闻刺法言，有余泻之，不足补之”，讲的都是这个道理。先观察受病部位属于什么脉，阳盛者济之以阴，阴盛者补之以阳，而以针或灸作为补泻的手段。

以针灸补泻，其方法是刺或灸经脉上的穴位。穴位之说，马王堆医书所无，始见于《内经》的《气穴论》《气府论》《骨空论》《水热穴论》等篇。穴、府、空，都是对身体上这种特殊的空隙处之形容词。在其他篇章中，也常以“陷”来描述。因此这个时候虽对全身三百六十五穴位已有定说，却并未以“穴”来总称，所以具体谈到某某穴时，都直呼其名，如关元、涌泉、风府之类，或详言其位置，而不说涌泉穴、风府穴等等。

至此，一套全新的医学体系始建构完成。调经理气之说，被全面运用到针灸汤液各个方面，成为医学上的基本理论；经脉，成了我们对人体内部关系的主要解释系统。

道医传统的确立

马王堆医书对人体经脉的看法，既与《内经》《灵枢》不同，是否暗示着当时医术发展的多元性格？由《内经》这一面看，固然可以发现医学脱离祝由而发展的现象，可是是否也另有一种与祝由等其他术法相结合而发展的医学呢？

太平道的表现，正因如此而格外值得人注意。

太平道本身即为一治病寓言，谓天地人均有疾，故它要来治疗疾病，使天下太平、人民安乐长寿。其具体治病之法，甚为善巧复杂，有用草木禽兽为方药者，也有用祝念之法的，更有以灸针治病的。其中《神祝文诀》云：

> 天上有常神圣要语，时下授人以言，用使神吏，应气而往来也。人民得之，谓为神祝也。祝也，祝百中百，祝十中十。祝是天

上神本文传经辞也。其祝有可使神仁为除疾，皆聚十十中者用之，所向无不愈者也。但以言愈病，此天上神谶语也。良师帝王所宜用也，集以为卷，因名为祝谶书也。是乃所以召群神使之，故十愈也。十九中者，真神不到中神到，大臣有也。十八中者，人神至，治民有也。此者天上神语也，本以召呼神也。相名字时时下漏地道，人得知之，传以相语，故能以治病。如使行人之言，不能治愈病也。夫变事者，不假人须臾。天重人命，恐奇方难猝成，大医失经脉，不通死生重事，故使要道在人口中。此救急之术也。欲得此要言，直置一病人于前，以为祝本文。又各以其口中秘密辞前言。能即愈者是真事也，不者尽非也。应邪妄言也，不可以为法也。或有用祝独愈，而他傍人用之不决效者，是言不可记也。是者，鬼神之长，人自然使也，名为孤言，非召神真道也。

本段大意有三：一是说祝念治病为救急之术；二是说祝念之所以能治病，是因咒语乃天上神圣之用语，可以召唤神吏来替人除疾；三则讨论咒语祝念的效力。咒语其实就是神的名字，要真正懂得呼唤其名字，神才会来替人治病，若念错了或念其他咒语，便无此效果。当然，神的大小及其神力各不相同，能召呼到大神，治病的效果自然也就会更好。这是太平道对咒语的独特见解。它对它本身这套咒语也深具信心，因此它说此术可以实证，找一位病人来，祝念即愈者，是真正有效的咒语，若祝念无效，便是“应邪妄言”。

祝念在太平道中之重要性，由上引文献即可充分得知。然此非其唯一治病之法，太平道亦用草木禽兽合成药物。这是它与一般医家相同之处。但用草木禽兽治病之术，在《太平经》中乃是与神灵信仰相结合的，如此便使得它和一般医家极为不同。

以灸针治病也是太平道甚为强调的，其法则与其用神咒或草木药类似。但它的经脉观，与《内经》颇不相同：

一，论脉不论经。

二，论脉亦非十一脉或十二脉的架构，乃三百六十脉。

三，依《内经》，脉虽系脏腑，外则系于手足，亦不总会于头顶。太平道反是，谓脉总于头顶，而不系属于手足。可见它们对于脉的路线与脏腑联系关系，见解殊异。

四，兼用灸与刺，说灸为太阳之精，针为少阴之精，与《内经》以针为主者不同，《内经》亦无针乃少阴之精的讲法。

五，太平道的脉理，除了用以治病之外，亦可用于养性。以脉应四时五行之气，呼应一年三百六十日的度数，便可以养生。此“调气安脉以养生”之说，为《内经》所不及论。

六，针灸，在此处并不视为纯医疗技术问题，所以说针灸时“实与脉相应，则神为驱使。治十中九失一，与阴脉相应，精为其驱使”。针灸仍是与其精神信仰相结合的。它说它的治法效果好，其书为《天经脉谶》。“谶”这个名称，就显示了它具有与神相呼应的关系。

可见当时用针灸、论脉象者，其实有非常多派别或类型。假若我们把《内经》视为由“巫医”到“医”的发展，那么，太平道就可以当做“道医”的代表。《道藏》太平部收有孙思邈《千金要方》《急救仙方》《仙传外科秘方》等药书多种。将此类药书纳入太平部，却无形中透露了太平道和医学的关联。

道医流传与发展

汉代道医传统应已形成，除了《太平经》以外，另一个辅佐性的证据，其实正是《内经》。

《内经·素问》在唐以前不显，唐朝王冰予以修订重编并加上注解后，才渐流通。但王氏传本，本身便多可疑：

一是修订幅度太大，其自序云：“其中简脱文断、义不相接者，搜求经论，有所迁移以补其处。篇目坠缺、指事不明者，量其意趣，加意以昭其义。篇论吞并、义不相涉、缺漏名目者，区分事类，别目以冠篇首。”几乎是全面重新整理过了。如此整理或整容以后，到底还保存有多少原貌，后人不无疑问。

二是其中补了他自己师传的七篇文字。宋林亿《素问补注》说这七篇可能是《阴阳大论》的文字，并非《内经》原文，可见自宋以来，对其所补多不敢信任。

王冰所补七篇，是《天元记论》《五运行论》《六微旨论》《气交变论》《五常政论》《六元正纪论》《至真要论》。而正是这七篇，可以让我们看到汉魏南北朝至隋唐这段期间医学与道家道术间的关系。

其中《五运行论》说："黄帝坐明堂，始正天纲，临观八极，考建五常，请天师而问之曰……"这里讲黄帝问天师，与其他各篇多说黄帝歧伯问雷公不同，而天师也者，当然立刻令人想起它与道教的关系。

果然，接下去，文章描述黄帝与歧伯的对谈，歧伯就谈到他看《太始天元册》，有丹天、苍天、黅天、玄天、素天之说："丹天之气，经于牛女戊分。黅天之气，经于心尾已分。苍天之气，经于危室柳鬼。素天之气，经于亢氐昂毕。玄天之气，经于张翼娄胃。"黅天，就是黄天，太平道起事时曾有口号云："苍天已死，黄天当立"。此五天说，正表明了它与道教的联系。《六微旨大论》则讨论到"太一"的问题，说"太一，天符之会也。"又说六气应五行，"天气始于甲，地气始于子，子甲相合，命曰岁立"，这都显然属于道教之说。

这些篇章，王冰将之补入《内经》，自然是认为它们具有理论上的相关性，可是宋代林亿等人却觉得"所载之事，与《素问》余篇略不相通"。为什么会有这样的落差呢？依我看，只能说《内经》的传习，在汉魏南北朝间，往往与道教徒有关，故王冰师传文献，被认为足以与经文相发明相匹俪，甚且更可能另有一种道教传本的《内经·素问》。宋代以后，林亿等人代表医与道分途的观点，故认为王冰所补，均与医术无大关系。

汉魏南北朝间可能另有一种道教界传本的《内经·素问》，最直接的证据即是所谓"素问遗编"。王冰本中缺《刺法论》《本病论》二篇，明赵简王居敬堂刊本《素问》则有此两篇。有些论者认为"刺法大义见《六元正纪大论》中，但彼则引而不发，至此二篇，始有下手处"，颇为推崇；有些则批评它"辞理鄙陋，无足取者"。事实上，这两篇文献乃是道士所传，故施沛跋云："一日独坐静寄轩下，有羽士顾余而问所读何书，答以'素问'，乃备析疑义，因出逸篇二，以授余曰：'此长生诀、神现方也。'随谢去。后访之，不可踪迹，始知异人也。"本出于道流，其内容当然会与王冰所补之《六元正纪大论》等有关。

今考《刺法论》，除以针刺手足诸脉以外，并有净神咽气之法："其刺以毕，又不须夜行及远行，令七日洁，清净斋戒，所有自来。肾有久病者，可以寅时面向南，净神不乱思，闭气不息七遍。以引颈咽气顺之。如咽甚硬物，如此七遍后，饵舌下津，令无数。"这是在针疗之后，辅助其疗效的小法，但也有单独使用的疗效。此即可见该义仍然肯定精神性的力量，故另有存思之法云：

> 欲将入疫室，先想青气自肝而出，左行于东，化为林木。次想白气自肺而出，左行于西，化作戈甲。次想赤气自心而出，南行于上，化作焰明。次想黑气自肾而出，北行于下，化作水。次想黄气自脾而出，存于中央，化作土。五气护身之毕。以想头上，如北斗之煌煌，然后可入于疫室。

此乃借存思法以避疫，是以精神性的力量来抵御病疫。这种对精神的强调，导致它特别重视"守神"，说"人虚即神游失守位，使鬼神外干，是致夭亡""人病心虚，又遇君相二火，司天失守，感而三虚，遇火不及，黑尸鬼犯之，令人暴亡"。人患疾病，是因鬼怪干犯，乃古老之信仰，此处仍用此巫俗传统之信念，但认为人只有在虚弱时、精神耗失时才会遭到鬼神的干犯。《本病论》说"人气不足，天气如虚，人神失守，神光不聚，邪鬼干人，致有夭亡"，即是此意。

另外，其说另一个特点，是参合了丹田的讲法，说："失神守位，即神游上丹田，在帝太一帝君泥丸君下。却遇火不及之岁，有黑尸鬼见之，令人暴亡"。以上这三点，鬼神致邪说、守神却病说、丹田泥丸说。都是由道教传统中得来的。到底是采撷道教之见解而构撰此三篇文献，抑或因其所述乃道教之谈，故为道流所传习呢？

《刺法篇》又提到以小金丹却疫之法，说：

> 小金丹方，辰砂二两，水磨雄黄一两，叶子雌黄一两，此金半两，同入盒中……埋药地下，七日取出，顺日研之，三日，炼白沙蜜为丸。如梧桐子大，每日望东吸日华气一口，冰水下一丸，和气咽之，服十粒，无干疫也。

可见本篇对道教术法吸收极广，存思、金丹、针灸、鬼神致疾、吞咽、守神诸法，靡不包摄。

这些例子，足以充分证明《素问》的传习过程中，确有道教人士参与，且对该书有不甚同于一般医家之见解与处理。据施沛说，逸篇二篇，乃羽士所传；实则王冰即是道士，道号叫启玄子。

宋代以后，林亿等人持医道分途之见，不以道医混同为然。但传《素问》者仍多道教人士。邵博《见闻后录》说："郝允……月夜行山间惫甚，憩一树下。忽若大羽禽飞上其上。熟视之，一黄衣道士也。允拜手乞怜。道士曰：'汝郝允乎？'因授以医术。晚迁郑圃，世以神医名之。"这位郝允就曾撰有《内经笺》。又《通志·艺文略》著录冲真子《内经指微》十卷，亦是道教中人所为。《金史·刘完素》说刘氏字守真，"尝遇异人陈先生，以酒饮守真，大醉。及寤，洞达医术，若有授之者"，曾作《素问玄机原病式》，号通玄处士。其事迹更是与郝允若合符节了。

《内经·素问》是医家最重要的典籍。但是在《素问》问世及流传之际，同时也存在着由巫医发展来的道医传统。《素问》本身被道教人士传习并予以发展之事实，足以让我们对此状况有所了解。

今本《素问》显得较为纯粹，纯为医家之说，巫俗道术，不如《太平经》等道籍之多，焉知不是林亿等人删汰清理的结果？

林本修改王冰本字六千多字，增注二千多条，足以使早期道与医相融合的痕迹完全遭到抹杀。像"素问遗篇"那类道教素问，就更难见容于宋代以后声势渐大的儒医传统了。明吴昆《素问注》自序说："最下异为一途，叛经行怪，类如《伤寒钤法》《素问遗篇》，则妖氛尔、孛彗尔、白虹尔、薄蚀尔，非惟羲和忧之，具目者之所共忧也。”可以代表这些儒医对巫医、道医的鄙夷，一副道不同不相为谋的口吻。

道医、儒医之纠葛

唐朝王冰注《黄帝内经素问》，引了许多道家语。

如《上古天真论篇第一》引老子曰“万物负阴而抱阳，冲气以为和”“弱其志，强其骨”“持而盈之，不如其已”“物壮则老，谓之不道，不道早亡”“知足不辱，知止不殆，可以长久”“甚爱必大费”“祸莫大于不知足，咎莫大于欲得……故圣人曰：我无欲而民自朴”“不见可欲，使心不乱”“圣人为腹，不为目也”“我独异于人，而贵求食于母”，引庄子曰“全汝形，抱汝生，无使汝思虑营营”“执道者德全，德全者形全，形全者圣人之道也”“无为而性命不全者，未之有也”“神全之人，不虑而通，不谋而当，精照无外，志凝宇宙，若天地然”“体合于心，心合于气，神合于无，其有介然之有，唯然之音，虽远际八荒之外，近在眉睫之内，来于我者，吾必尽知之。夫如是神全，故所以能矣”“圣人之于声色滋味也，利于性则取之，害于性则捐之，此全性之道也”，又引老子河上公注曰“有欲者亡身”，引广成子曰“必静必清，无劳汝形，无摇汝精，乃可以长生，故圣人先之也”，引《真诰》曰“常不能慎事，自致百症，岂可咎怨于神明乎”？

一篇文章，不过数百字，而注解引用了这么多道家道教语来诠析文本，并不特别令人感到奇怪，因为整体《素问》所表现的人生态度，确实近于道家。不但其所用术语往往与道家相同，恬淡守朴、去世离俗、积精全神之主张，也正是道家所强调的。王冰引用道家乃至道教言论来诠释它，应该说是颇能切合其肌理。

但只以老庄来解释《素问》并不够。老庄论阴阳甚少，大约只有“万物负阴而抱阳”等语，又不论五行，不谈音律，故为了说明《素问》“和于阴阳，调于四时”，五脏配五行、五音、五方的理论架构，王冰又必须引用《易经》论阴阳乾坤、《尚书·洪范》论五行，以及《礼记·乐记》的部分，来做些补充。

但王冰注征引儒家典籍者，仅此而已，它引用《易经》时也是非常谨慎、非常有节制的，只有《金匮真言论篇》论五脏配属时说“西方白色，入通于肺，开窍于鼻，藏精于肺，故病在背，其味辛，其类金，其畜马”，它才牵引易象云：“畜马者，取乾也，《易》曰：乾为马。”另外《天元记大论篇》说“天有阴阳，地亦有阴阳，木火土金水，地之阴阳也，生长化收藏，故阳中有阴，阴中有阳”，它注：“阳中兼阴，阴中兼阳，易之卦，离中虚，坎中实，此其义象也。”

其论卦论象者，仅此而已。连汉人易学中流行的四正卦、十二月消息卦，在他讨论人如何调四时之气时，本来是最容易征引使用的，他也没有这么做。

王氏如此处理，在另一方面，也反映了《素问》与《易经》的关系。除了谈阴阳的部分可与《易》关联起来外，它与易卦、易象都没有太多干系。王氏偶尔引《易》之处，也都显得牵强附会。如《阴阳离合论篇》：“帝曰：‘原闻三阴三阳之离合。’岐伯曰：‘圣人南面而立，前曰广明，后曰太冲。’”所谓广明，下文有解释，云“中身而上，名曰广明”，指身体正面的上半身。可是王冰注却说：“南方丙丁，火位主之，阳气盛明，故曰大明也。向南治物，故圣人南面而立，《易》曰‘相见乎离’，盖谓此也。”这比用坎离来解说天地皆有阴阳之理，更为荒谬。

然而，这也可以看到一种趋势，《素问》本身和《易经》原没什么关系，可是却有人总想替它们牵牵线、做个媒。这种倾向，在王冰之后越演越烈，儒家尤其热衷。

宋林亿《重广补注黄帝内经》即以《易纬·乾凿度》来解释《素问》为什么称为“素问”，谓：“乾凿度云：‘夫有形者生于无形，故有太易、有太初、有太始、有太素。太易者，未见气也。太初者，气之始也。太始者，形之始也。太素者，质之始也。’气形质具而痾由是萌生，故黄帝问此太素，质之始也。《素问》之名，义或由此。”

这实在也是牵合附会之谈。太素之说，起于《易纬》，黄帝时怎么可能用此为书名？设若书名乃汉人所题，故用《易纬》之说，称其书为《素问》，那么书中又为何完全没有讲太始太素之类事？林亿之所以会如此征引,其实正显示了他欲将《易经》与《素问》相关联的用心。故《阴阳应象大论篇》说“积阳为天，积阴为地，阴静阳躁，阳生阴长，阳杀阴藏”，林氏等新校正便说：

> 阴长阳杀之义，或者疑之。按《周易》八卦布四方之义，则可见矣。坤者阴也，位西南隅，时在六月七月之交，万物之所盛长也。安谓阴无长之理？干者阳也，位戌亥之分，时在九月十月之交，万物之所以杀也，孰谓阳无杀之理？以是明之，阴长阳杀之理可足矣。

以《周易》八卦分布四方来解释阴阳消息，实为王冰所不及论，但此风既开，四方八卦之说便泛滥于医学之中了。《灵枢·九宫八风》说“太一”在一年之中依次移居九宫，论者便以四方八卦来比附，表为下图：

东南 巽四 立夏 阴洛	南 離九 夏至 上天	西南 坤二 立秋 玄委
东 震三 春分 仓门	中央 五 招摇	西 兑七 秋分 仓果
东北 艮八 立春 天留	北 坎一 冬至 叶蛰	西北 乾六 立冬 新洛

太一，是北极星，北极不动，北斗之斗杓则随季节旋转，古来均依斗杓所指十二辰来区分节气，一年分为廿四个节气。斗杓所指之辰，则

称为月建。例如冬至节，月建在正北。这是十二月与辰、方位、节气的配合。另外，一年三百六十五日，分属八个方位，称为八宫，每宫得四十六日，天门地户两宫各仅四十五日。如果再将这八个方位跟上面所说的十二月、十二辰、廿四节气配合起来，即是所谓太一移居，八宫各分配三个节气；加上中央，共为九宫。

这种天文与节令的配合，本来是因医学理论重在“调四时，合阴阳”而设，故八宫又配以八风。谓各节令有符合节气的实风，主滋长万物；也有与时令节气相反的虚风，主收杀万物。所以人应注意驱避风邪。但它谈八宫八方位，却给了以四方八卦来论医理者一个好机会，论者立刻将八宫和八卦结合起来，形成上面那样一个图表。

其实《灵枢》原文根本不曾谈到八卦，八宫分别是叶蛰、天留、仓门、阴洛、上天、玄委、仓果、新洛。后人勉强以八卦与之配属，遂只好刻意去解释为什么叶蛰宫是坎、新洛宫是乾。例如倪仲玉说艮居东北，主立春、雨水、惊蛰，“艮为山，正而不动”，故名天留宫。离居南，主夏至、小暑、大暑，“日月丽天，主离明在上之象”，故名上天宫。乾位西北，主立冬、小雪、大雪，“新者始也，洛书载九履一、一乃乾之始”，故名新洛。凡此等等，都属显然可见之误说。

换句话说，《素问》《灵枢》可能在早期皆近于道家义，道家人士也是两书的主要传承者（日本多纪元胤《医籍考》甚至认为：“《道藏》中有玉枢、神枢、灵轴等之经，而又收入是经。则‘灵枢’之称，意出于羽流者欤？曰灵枢、曰九虚、曰九灵，并是黄冠所称，而九卷《针经》为其旧名也。”）。可是越到后世，它与儒家的关系就越来越紧密。由道医逐渐发展为儒医的轨辙也由此可见。

道林养性与儒门事亲

道教观念具存于医学中，而其后转为儒家立场，其实是一种趋势，并不只表现在对《素问》《灵枢》的解释上。如隋太医博士巢元方等所编《诸病源候论》，为我国第一部全面性的病因学专著，其中卷二三即有《尸病诸候十二论》。什么叫做“尸病”呢？

这完全是道教中的一个观念，说“人身内自有三尸诸虫，与人俱生。而此虫忌恶，能与鬼灵相通，常接引外邪，为人患害”。三尸，又称三虫，据说上虫居住在上丹田，名彭倨，色白而青，使人嗜欲痴滞，又伐人眼。中虫住中丹田，名彭质，色白而黄，使人贪财，好喜怒，浊乱真气，魂魄失常。下虫居下丹田，名彭矫，色白而黑，使人耽酒好色，伐人胃命。因三虫都姓彭，所以又称为三彭。道教人士认为这三虫不但会作祟让人速死，更会窥人罪过，每逢庚申日就上天去打小报告。因此想修炼成仙的人，必须要“守庚申”“杀三尸”。唐张读《宣室志》云：“凡学仙者，当先绝其三尸。如是则神仙可得。不然，虽苦其心，无补也。”讲得非常明白。

在深受道教影响的医学传统中，三尸不但被认为是真实存在的三条虫，也认定了有些病候即是三尸所引起的。巢元方《诸病源候论》之所以会列出《尸病诸候》，就是由于这样的背景。

据巢元方说，尸病包括诸尸、飞尸、遁尸、沈尸、风尸、尸注、伏尸、阴尸、冷尸、寒尸、丧尸、尸气等各种情况，症候各异。这些症候，在其他医书中可能会以邪风邪气来解释，但在此书中都以尸虫作恶为说。其治疗之法，除了汤熨针石之外，也采用道家的导引法，例如治伏尸法，即须叩齿二七次，咽气二七次，反复做三百通，做满二十天。

采用道教导引法治病，不仅此一处，如治牙病，它主张于生日梳发时，叩齿九通，默念咒云“太帝散灵，五老反真。泥丸玄华，保精长存。左拘隐月，右引根。六合清练，百神受恩”，咒毕，咽唾三过（卷二九）。足见导引及咒术之治疗功能，是它所充分肯定的。

这种情况，在孙思邈《千金要方》中一样存在。孙思邈本人即被道教尊为“药王”，其著作收入《道藏》中，均非偶然幸致。卷一《大医习业第一》开宗明义便说：

> 凡欲为大医……又须妙解阴阳禄命、诸家相法，及灼龟五兆、

周易六壬，并须精熟，如此乃得为大医……不读老庄，不能任真体运，则吉凶拘忌，触涂而生。至于五行休王、七曜天文，并须探赜。

这是指医生的修养方面。在医法部分，他也很重视“养性”。卷廿七专就养性的问题，列了道林养性、居处法、按摩法、调气法、服食法、黄帝杂忌法、房中补益等项。其内容则完全是道教观点，认为养性才是无病长寿之本，去名利、除喜恶、戒声色、绝滋味、存精神，然后再用存思、按摩、调气等法。其说颇可与陶弘景《养性延命录》之说互参。

《千金翼方》中同样保存了这个讲法，卷十二《养性》、卷十三《辟穀》、卷十四《退居》、卷十五《补益》，可说即是《千金要方·养性》的扩大与延续。卷二九及三十的《禁经》上下篇，更是咒禁治病的重要文献。

宋朝以后，儒医之说兴起，“道林养性”逐渐不被医家重视，医生以“儒门事亲”自附于儒林，对鬼神致疾说大肆批评（如《儒门事亲》卷一云：“疟之甚者，则归之怪祟，岂不大可笑耶？《内经》谓拘于鬼神者，不可与言至德，何世俗之愚而难化耶？”），也指责方士“谬说鬼疾，妄求符箓，神祷辟匿，法外旁寻，以致病人迁延危殆”。道林养性之说，概不叙及；按摩、调气、服食、存思等法，亦极少采用了。

整体趋势虽然如此，道教医术仍间存乎其中。如金张从正《儒门事亲》卷五谈到治疮疖肿瘤、疮肿丹毒、金疮、鱼刺入喉，以及妇人乳痛、小儿身瘦肌热、疟疾不愈，乃至禁蝎，都用禁咒之法。其中治鱼刺入喉之咒，明言出于《道藏》，是让病人念：“吾请老君东流顺，老君奉敕摄摄，摄法毒水，吾托大帝尊，不到称吾者，各各现帝身，急急如律令，奉敕摄。”又，其书最末尾部分还谈到辟穀绝食的方法，提供了一些辟穀的药单。这些，都是它顺着整个医学传统讲下来，而尚未能以儒家观点完全扫除道教医术渊源的痕迹。

情况类似的，是北宋元丰年间刊布的《太平惠民和剂局方》。此书以方剂为主，其中即颇有道教祖师所传之药方，如纯阳真人养脏汤、南岳魏夫人济阴丹之类。另有用符者，如催生符；用禁咒者，如产妇将生产时，用体玄子借地法，念咒向鬼神借地安产；又铺产地草及床褥，念禁草咒；产时贮水念禁水咒。编者并相信方位宜忌之说，收录了“胎神游方”“推妇人行年法”“逐日产母生子宜向方”“逐月产母宜忌向方”“逐日日游神”等并非方剂的治法。

其后，政和年间奉敕编的《圣济总录纂要》后面也有三卷谈神仙服饵之法，或烹炼砂石，或咀嚼松柏，或吐纳，或斩三尸。情形亦略与《局方》相似。

故真正能由道医转入儒医，恐怕要迟到元朝的朱震亨。

朱氏撰《格致余论》，自序谓：“古人以医为吾儒格物致知之一事，故名其篇曰格致余论，未知其果是否耶？”虽推源于古人，语意上却看得出是自立新说，故又云：“《素问》载道之书也，词简而义深。去古渐远，衍文错简，仍或有之，故非吾儒不能读。”句句扣紧儒家，将医道纳入儒者事业中来。

其《格致余论》开宗明义，仿孙思邈《千金要方》，先谈养性之要，但将道门养性之理论，转为儒家的去嗜欲、收放心：

> 传曰“饮食男女，人之大欲存焉”，余每思之，男女之欲，所关甚大；饮食之次，于身尤切。世之沦胥陷溺于其中者，盖不少矣。苟志于道，必先于此究心焉。因作饮食、色欲二箴。

这两篇箴文，与稍后的《养老论》《慈幼论》，把医术和儒家的伦理观完全结合起来了。其书及《丹溪心法》也都全然不用禁咒、存思、服气、辟穀、符箓诸说。影响所及，几夺道医之席。明成化年间程敏政替其《丹溪心法》作序，竟说“医之先，谓出神农黄帝，儒者多不以为然”，对医的传统，儒者几乎要重新构造了。

到了《四库提要》，遂把医家与神仙家的关系断然切开，说：“汉志，‘医经’‘经方’二家后有‘房中’‘神仙’二家，后人误读为一，故服饵导引，歧涂颇杂，今悉删除。”

中国古无医学史，《四库提要》可视为第一部医籍史论或医学史论。且它以儒学发展史来架构医学史，对后人影响甚大，儒医遂为正宗矣！

儒医的特点及其批判性

儒医始称于宋代。《宋会要辑稿》言："伏观朝廷兴建医学，教养士类，使习儒术、通黄素、明诊疗而施于疾病，谓之儒医。"

这段话讲的是：宋代设立了特定的教育机构——医学，体制完全仿照太学。徽宗还让医学脱离专管宗庙礼乐的太常寺，转隶于国子监，使医学纳入儒学教育体系。并且按等级任命医官。有六个品级，十九阶具体官职，最高为翰林医官，相当于五品大夫，所以后世称医生为大夫。

当时受"格物致知"学风的影响，不少儒者也将医学作为格致的对象，如王安石即自称："（前略）至于《难经》《素问》《本草》诸小说，无所不谈。"金元四大家之一朱丹溪的医著《格致余论》中更畅言："古人以医为吾儒格物致知之一事。"

儒医有何特点呢？首先，他们强调医生自己要具有儒家的气质和风范。名医都以儒家"仁义"观自期，具有"上医医国""仁民爱物""不为良相即为良医"的价值取向，构成了独特的儒医现象，所谓仁心仁术。

其次，儒医把儒家心性修养理论和医术完全结合，认为病人若想要治好，不能只从生理上去治，更要注意心性修养问题。其理论对当代心身疾病的研究具有两个方面的价值：一，从人类心身疾病的研究角度看，儒医理论的研究范式补充了西方心身疾病研究的某些空白，使人类心身疾病研究更加全面；二，从中国人身心疾病的研究角度讲，儒医理论能够更多地揭示中国人心身疾病的发病原因、特点和解除途径。

三，儒生的大本领是搜集、整理、考证古籍，竞相著书。宋代于1057年成立校正医书局，校订《素问》等医籍。儒士论医亦多有高见，常把临证体会、读书心得、医闻轶事等，以散文形式写成医话，或以歌赋形式教授学子。最早见于五代人高阳生所著的《王叔和脉诀》，自宋代周守忠以四言诗著《历代名医蒙术》以后，医学歌赋蜂起：著名的如明代龚延贤的《药性歌括四百味》、明代李时珍的《濒湖脉学》、清代汪昂的《汤头歌诀》和陈修园的《医学三字经》等。

此外，专从医学角度说，儒医也对汉魏南北朝以来的医学传统（主要是道医的传统）发出了具体挑战。

在苏东坡当时，就曾针对医家废学《难经》之风批评道："《难经》可废，非愚蠢无知则狂而已。《难经》不学，岂不误哉！"可见那时已有人对《难经》不满了。东坡对此风气不以为然，可实际上后来此风并未消歇，儒医不断挑战着《难经》《素问》的权威。

这里可举一个具体的例子：明代浙江慈溪人赵继宗，著有《儒医精要》。此书在中土已然亡佚，仅存于日本。其书凡三十三篇，包括论王叔和左关左尺与三焦及命门属火之误、论王叔和十二经脉之有差、论诊脉专主王叔和脉诀分各脏与左右手歌诀之误、论诊脉有先后、男女之脉不同、论伤寒不必传经、论伤寒吐汗下三法之误、论伤寒称四时之误、论世人言痰火之误、论痰为诸病之误、论狂病为痰之误、论补阴之误、论用药不宜执方、识汤液与集要不可者三、论药有不宜火制者等。

从其篇名多用"论……之误"即可看出该书多攻击前人论说。为此，九年之后问世的俞弁《续医说》对其进行了严厉批判："余近见赵继宗《儒医精要》一书，一驳丹溪专欲补阴以并阳，是谓逆阴阳之常经，决无补阴之理。二辩王叔和命门属火之误。三辩张仲景伤寒无汗吐下法。四辩张洁古无中暑中热之分。五辩中风无火气湿三者之论。六辩十二经之脉差缪。赵公偏执己见，妄立邪说以欺人，乖悖经旨，得罪于名教多矣，噫！仲景叔和，医之圣也，百世之师也。继宗何人，而敢轻议如此。多见其不知量也。"

大约因赵氏的著作不断受到这类批判，所以后来未再复刻，不久便散佚了。可是类似赵氏这样的儒医其实还是不绝于途的。

例如晚清民初章太炎曾著《章太炎医论》，原名《猝病新论》，共收论文38篇，有关于理论问题的商讨（如五脏附五行无定说）、学术研究（如论经脉和三焦等）、病症的论述（如伤寒、温病、杂病等）、古医书的考证等。章先生自认为他的学问里面以医学为第一，可是中医界对其新论却褒贬不一。我看过一篇《<章太炎论医集>谬论举隅》就大骂：

> 章氏乃民国一代学术之伟人也。其学问之高、影响之远，非鄙人所敢妄议。然医学一道，彼虽自诩第一，以吾观之，尚门外汉也。而彼之自以为高明，开近百年中医西化之风，否定《内经》，不求本源，而欲求实效求创新，自误误人，不容不辨。

这是因为章氏认定中医十二经脉、奇经八脉之说都是解剖学未精时的产物。包括他论针灸，也主张它不是依据经脉理论来的。

章先生还反对五行与五脏的配属，说："五行之说，以肝为木，心为火，脾为土，肺为金，肾为水。及附之六气，肝为厥阴风木、心为少阴君火、脾为太阴湿土，犹无异也。肺亦太阴湿土、肾亦少阴君火，则与为金、为水者殊，已自相乖角矣。五经异义，今文《尚书》欧阳说：肝，木也；心，火也；脾，土也；肺，金也；肾，水也。古《尚书》说：脾，木也；肺，火也；心，土也；肝，金也；肾，水也……然则分配五行，本非诊治的术，故随其类似，悉可比附，就在二家成说以外，别为比附，亦未必不能通也。今人拘滞一义，辗转推演于藏象病候，若皆言之成理，实则了无所当，是亦可以已矣。"章太炎自谓不取《灵枢》《素问》，仅重视张仲景《伤寒论》，所以其立论如此。

而如此立论，对那个由《灵枢》《素问》而来的传统，可谓一笔抹杀了，简直比赵继宗走得还远。论者都说这是因章先生受了西医的影响，其实不然，章先生只是用儒医眼光去批判地看待《灵枢》《素问》所显示的道医体系罢了，他所推崇的张仲景，一般就推为儒医之祖。儒医是不喜欢谈神农黄帝的。

儒门异彩：中日医学交流

章太炎对道医传统的攻击，我认为还可能与他留学日本的经历有关，受到日本儒医的影响。

儒医不只是中国医学史上的特点，而且深刻影响日本、韩国、越南等周边国家。关于儒医的文化现象，日人早有《日本儒医研究》（安西安周著，1943年）《幕末防长儒医研究》（龟田一邦著，2006年）等专著，但尚未见过有关此一问题之讨论，所以我姑妄言之。日本吸收中国医学甚早。早期以佛教僧人为医疗主力，公元984年（平安时代中期），宫廷的医生丹波康赖依据中国医理论和处方写出了存世的最古的医书《医心方》后情况才逐渐改变，他也因此被称为日本医学的鼻祖。其书计本草及用药各1卷，俞穴及针灸疗法1卷、内科9卷、外科及皮肤病6卷、五官科1卷、妇产科4卷、小儿科1卷、服石2卷、养生3卷、食疗2卷。全书以《诸病源候论》立论，引证晋、隋、唐三代的方书共百余部。

这当然是受中国影响的。但书名《医心方》，强调医病重在医心，可说直探儒医精髓，时代甚至比中国同类的书都要早。

其后日本医学，一般认为可分为以田代三喜（1465—1537）、曲直濑道三（1507—1594）为代表的后世派（称为后世学派，是指他们尊崇中国金元四大家学说，受朱丹溪的影响尤深）；贬斥《内经》《难经》乃至金元医学，独尊汉代张仲景《伤寒论》为主的“古方派”；既用古方，又用后世方的“折衷派”；以多元孝等人为主的考证学派等。

后世派形成于15世纪末期。田代三喜对金元四大家中“攻邪派”的刘完素与张子不以为然，独崇李朱。以至今天，日本在生产及临床上广泛应用的汉方制剂，大多数仍偏向滋补、和解的温和性处方。这国时期，也是日本宗教和医学日益分离的阶段。佛教支配政治的局面萎缩，由儒教的取而代之。

古方派则是以中国汉代张仲景《伤寒论》为主，反对宋明医学与《内经》《难经》之说，强调临证实践。代表人物是永田德本、吉益东洞等。

此派的特色是摒弃阴阳、五行、脏腑经络、脉诊等中医基础理论，强调临床实证。其所谓“独尊张仲景”，亦不过主张临证时多使用《伤寒论》和《金匮要略》的方剂罢了。以致批评者谓其把已成体系的中医学退回到《内经》之前的经验医学中去。

折衷派的代表人物不详，仅知是介于上述两派之间，既主张遵奉古代经典医理，也重视使用宋元以后的新方。明治时期又产生了兰（西医）汉折衷派，其代表人物为名医华冈青州、山胁东洋、中神琴溪等。

考证派的代表是多元孝，致力于对古典医学进行训诂考证。多元孝以后，多纪元胤收集了历代中医书籍三千余种，编成《医籍考》。刊发于公元1831年。对中医文献学有绝大贡献。

此外亦有井上金峨、吉田篁墩等的考证学。折衷派的一部分人受其影响，通过多纪元悳、目黑道琢，形成了以文献学为中心的医学考证派。

一般认为上述各流派，是分别受到儒学复古、折衷及清代考证学风影响而形成的。海保渔村为森立之等编撰的《经籍访古志》所写序言，更将考证学从儒到医的扩展过程，描述得再清楚不过了：

> 读书必先剖析其书之渊源，择其最古且善者而从之，然后六艺经传以至百氏，始可得而诵习焉。不然则书之流传既久，彼此乖异之不定，而何由能求古人之意？于言语文字之间而莫所失乎？此汉儒校雠之学所以涉万世而不可废也。

另外，喜多村直宽《金匮玉函要略方论疏义·自序》也说：

> 医道与儒道通。医之《素》《难》，则儒之六经；医之仲景，则儒之四子也。六经不研训诂，无由以得其解；四子不究义理，乃不能求其旨。然义理之与训诂非敢分镳异途者，唯各有所主而遂不以此易彼也。而世之攻汉学者，斥义理为支离学；宋儒者訾训诂为刍狗胥，均失之。此余平日所持论也。故愚于《素》《灵》《难经》端治训诂，而注仲景书，所以特效颦宋儒矣。

喜多村直宽的意思是说治《素问》《灵枢》《难经》等主要是用考据法，论张仲景《伤寒杂病论》就还要兼采宋儒之法，发挥其义理。这显示日本人重视张氏之书在《素问》等等之上。事实上，考证派主要的考证对象也是张仲景《伤寒杂病论》。当时医家与儒生都有尊古及注重考证的共性，但他们并非凡古皆尊，因为更早的医书如《黄帝内经》《灵枢》《难经》等就远没有《伤寒杂病论》这么受青睐。

考证派的方法来自清儒，他们与清儒也颇有交往。著名的例子是森立之（1807—1885）。

半儒半医的森立之，既有《尔雅正名录》《说文温知录补遗》《左传考注》一类儒学考据之作，同时又是一位全科医生。还做过《神农本草经》的辑复、和涩江抽斋等共同编撰的《经籍访古志》等事。参与《经籍访古志》编撰的大多也是医生，所以对医书特别关注。其附言自称“从来着录家于医书多略，而是编比他家殊详者，我邦所传医籍最称繁富”，殆非虚语。

明治十四年（1881）我国学者杨守敬拜访森立之，两人有长达十八个月的笔谈交流。

章太炎去日本比杨守敬稍晚。他在杭州时曾师从俞曲园。曲园先生即撰有《内经辨言》，因此章氏可能此时已关注到了医学问题。苏报案后，避难日本。1910年，章太炎在日本发表了他第一篇医学论文《医术平议》；并搜集宋明医学精本、古代验方，进行归类、分析和考证，编为《手写古医方》。可见他正式研究医学乃是东渡以后之事。

后来他考证《礼记·郊特牲》时亦引用了日本医俗来做说明。其医论，最明显的特征，如文字释诂、考校医经、辨伪、校勘等，更是绝似日本考证学派。独重张仲景《伤寒杂病论》；摒弃阴阳、五行、脏腑经络、脉诊等理论；不重《素问》《灵枢》，则近于日本古方派。1925年前后，中西医争论趋于炽热，颇有人主张废除中医。太炎不赞成废中医，但认为中医确有问题：“中间历受劫难，一为阴阳家言，掺入五行之说，是为一劫；次为道教，掺入仙方丹药，又一劫。”似乎仍表明了儒医反巫医、反道医的立场，然而其受日本儒医之影响，却也不可掩。

儒医的养生治病观

赵继宗、章太炎或许是儒医中较激烈的典型，我选他们来立论是因为借着他们才能看清儒医与道医的分野。

不过这个分野亦并不是绝对的。儒医、道医毕竟都是中国文化之产物，历史又纠缭难分，彼此共同点还是很多的。医儒也未必就全然放弃《内经》的经络脏象体系，也未必不用针灸，只不过重点并不在这上面罢了。

依儒家看，“天地之大德曰生”，人的生命既然秉诸天地，当然也就该遵循天地的法则那样生生不息，努力地生。这是儒家独特的生命观，与佛教谓世界为空、谓人生是苦，迥然不同。

由于人生是苦，所以一切努力都向着如何解脱这苦去做。由于天地生生不已，人也生生不已，所以一切都要朝如何生去奋斗。这便构成了儒佛修身观的差异。

那么，人生下来以后，要如何才能生生不已呢？这就需要养啦！如同小孩生下来以后要养之成人那样，成人也还是继续要养的，直到颐养天年，天年已尽才罢。

天年，是老天赋予人的自然年寿。据近代医学的自然系数说，认为寿命系数大约是五，例如一般哺乳动物的寿命等于生长期乘以五。人的生长期约二十五年，故人的寿命应在一百二十五岁左右。还有一种叫性成熟期推算法，说人的性成熟期大约在十四岁左右，以此数乘八，为一百一十二岁，这可能也就是人的自然寿命了。还有人主张细胞分裂说，云人的肺或纤维细胞约可分裂四十到六十次，因此人的寿命约为一百一十岁。

这些讲法，跟中国古代其实差不多，因为中国人相信人寿应该有一百二十岁，所以把六十岁当做寿夭之界限。未满六十而卒，人生该有的命寿还不及一半，当然就算是夭折了。（《尚书》孔注：“寿，百二十年。”后世把夭折的年岁往下降，未及三十而卒曰夭折；不及六十而卒，传志中就仅说他得年多少，而不能说他寿至多少。）

人的自然命寿既然本来该有一百二，则善养者自然就能得此天年。凡不能如此长寿者，皆是自己糟蹋了之故。

是自己不善养生，糟蹋了生命，所以才会生病。因此，儒医把治病看成末事，重点在养生。

能养生，自然就不会有病。如有病，即是养生不善所致。故攻治之道，仍应回归养生。能正确地养生，病自然也就好了。

基于这个根本原理，儒医当然不再采用“鬼神致疾说”，也不太采信“风邪外感说”。对于治病，亦不甚讲“调经理气”。

也就是说，儒医基本上并不认为身体不适是因脏腑或经脉不调所致，因此才会有像章太炎和日本古方派那样，完全放弃《内经》经络脏象体系的。

大部分儒医不如此极端，多半仍兼用经络脏象腧穴说，但认为经络不调不是原因，而是结果，是因人不能治心养气才导致了经脉不畅、脏象失调之恶果。所以病因起于心，治病之法亦须在心上做工夫。

日本医宗丹波康赖所著医籍，称为《医心方》，就很精确地表达了这个宗旨。孔子说“仁者寿”。仁者是什么，哲学家讲来讲去，阐释万端，其中程伊川有个讲法颇简要。他说仁之在人，就像果子的核仁。桃有桃仁、杏有杏仁，把果仁种到地上，就能生长成树木，开花结果。所以这个仁，就是生机，就是生生不已的动力所在，这不也是对“仁者寿”的解释吗？仁即是心，是生。仁不好，果木自然长不好；心不好，人自然也就病怏怏的。魏晋时竹林名士王戎，其实是个忌刻的吝啬人，他家有李子，结果很好，远近争购。但他怕别人用这李子仁去种植，所以每颗李子都钻个洞，把仁破坏了，让别人种不出来。果树如此，人也一样。心出了毛病，身体能好吗？

心怎么养？《易经·颐卦》说“养正而吉”，又说要“慎言语、节饮食”。正，就是不偏不倚、不过也勿不及。饮食、男女、起居、动静，什么都只要中正和平就好，不禁遏，也不放逸。

养心，并不是就不养耳目身体了。荀子说得好：“刍豢稻粱，五味调香，所以养口也；椒兰芬苾，所以养鼻也；雕琢刻镂、黼黻文章，所以养目也；

钟鼓管磬、琴瑟竽笙，所以养耳也；疏房檖貌、越席床笫几筵，所以养体也。”儒家不像佛教讲禁欲、道教讲辟谷，认为人生口体之养乃是自然的生命需求，所以当然应该满足。就像养小孩，能不让他吃吗？养生之养，本来就应如此。

只不过，一切口耳身体之养都不过分、都能中和平正，这时心气也就平正安舒了。

所以，养生并不是养身体之外的另一件事，心正则体安，所谓“心宽体胖”。倒过来，身体养得好，心气亦必平和，故《易经》需卦象曰：“酒食贞吉，以中正也。”

不懂的人，会说这是在谈道德修养的问题，不是医学。其实医道重视病因，需对症下药；治病则得从病根子上治。儒医走的即是这个路子。

儒医的一切治病养生之技术，均由这个基本点上衍发而来。

例如宋元以后，儒医大家朱震亨所创丹溪学派。主张滋阴温补，为迄今中医之大宗，其基本理论不就是教人收心养心、不放纵饮食男女吗？

与朱震亨相反的刘完素一派，则主张泻火，与朱氏迥异。补泻两派交攻，犹如程朱之于陆王。但刘氏《素问玄机原病式》说：

> 五脏者，肝心脾肺肾也。五脏之志者，怒、喜、悲、思、恐也。若志过度则劳，劳则伤本脏。凡五志所伤皆热也。如六欲者，眼、耳、鼻、舌、身、意也；七情者，喜、怒、哀、惧、爱、恶、欲，则皆属热。所谓阳动阴静。故形神劳则躁不宁，静则清平也。是故上善若水，下愚如火。先圣曰：六欲七情为道之患，属火故也。如中风偏枯者，由心火暴甚，而水衰不能制之，则火能克金，金不能克木，则肝木自甚而兼于火热，则卒暴僵仆，多因五志七情过度，而卒病也。又如酒醉而热，则五志七情竞起。故《经》曰：战栗惊惑、悲笑谵妄歌唱、骂詈癫狂，皆为热也。

刘氏这本书是依《内经·素问》的体系做的，故仍讲五运六气、脏腑经络。他提倡用凉寒之药来降火，在医学史上争论很大。但你看我这段引文就知道他所谓的火是什么，其实就是情志过度的意思。

七情六欲五志，过度卒病。病了以后，治标之法是用凉寒之药攻之；治本之法，就还是要回归心气平和中正、养心制欲。其医理不过即是对儒家“养正而吉”的另一种说明方式而已。

荀子曰:“美意延年。”善养心意，自可延年却病。儒医养生，大致如此。

第四章　儒门养生金言

易　经

（一）需卦

象曰：云上于天，需；君子以饮食宴乐。

九五：需于酒食，贞吉。

象曰：酒食贞吉，以中正也。

（二）无妄卦

九五：无妄之疾，勿药有喜。

象曰：无妄之药，不可试也。

（三）颐卦

颐：贞吉。观颐，自求口实。

象曰：颐贞吉，养正则吉也。观颐，观其所养也；自求口实，观其自养也。天地养万物，圣人养贤，以及万民；颐之时义大矣哉！

象曰：山下有雷，颐；君子以慎言语，节饮食。

（四）坎卦

> 六四：樽酒簋贰，用缶，纳约自牖，终无咎。
>
> 象曰：樽酒簋贰，刚柔际也。

简释：

《易经》论及养生者其实甚为繁复，此处只选了四条，也就是四个观念。

一是需卦说："君子以饮食宴乐。"一般人谈养生，都强调禁欲或遏欲，佛道两家尤其注重于此。甚至还会强调苦行，要戒这戒那，误以为身体受了苦就代表道德高尚了。儒家不如此。

需，指人的基本需求，那是必须满足的。故曰："需于酒食贞吉。"一个人能吃能喝乃是好事，代表心情好、身体健康。如茶不思、饭不想，或想吃而吃不到，那就糟了，大大不吉。

贞吉之另一义，是吃得妥当、不过分："酒食贞吉，故中正也。"暴饮暴食、偏食、过量、因爱美而节食，都是不中正、不吉利的。人能如此中正贞吉地饮食，当然快乐，故又曰："君子以饮食宴乐。"饮食是快乐的事，这与佛家道家把饮食看成药，看成应该戒禁、甚至应该辟绝的事，可谓截然不同。后世饮膳食疗真正的源头，应由这里觅之。

二是无妄卦说："无妄之疾，勿药有喜。"此为震下乾上之卦，指人若能刚健中正，自可无妄。但天下事也有难说之处。例如你规规矩矩走路，偏有一醉汉驾车冲撞了你，这就是无妄之灾。人生病，有时也属于这类。不是自己不好好养生、不是自己受了风邪，而是被人磕着碰着，或遭流行病传染了，这时当然就须就诊、用药。能早日康复，摆脱此等无妄之灾自是喜事。后世祝福病人"早占勿药"，典故就出在这里。

而该注意的是：这种病不是你身体或情性本身不佳所造成的，因此这时所用的药也非平时所宜用。我们国人有个毛病，没事喜欢吃药，以为可防这防那，还说这叫"有病治病、没病强身"；又或偶尔不舒服了，吃了药觉得好，以后就老吃。《易经》这段话就是最好的针砭。

此段的解释，颇有异说。如明代高僧蕅益智旭《周易禅解》卷四说：无妄之疾，是无妄本身就会形成疾病。因人之中正刚健，若执著了，亦成一病。这是佛教的态度，并非《易经》的观点。

这段讲的是儒家对病与药的态度，人不可能无病，养生养得再好，也仍可能有无妄之疾。有疾则用药，一切处之泰然，顺乎自然即可。平时亦勿疑神疑鬼乱投药。

有年，我去西安参观霍去病墓。见其墓后建一山神庙，供奉霍去病，鼓励游人买香拜祀以去病。门上写一对联，上联霍去病之“病”字上面缺一点，表示可以去病，劝人来拜祭。说拜了就一点儿病都没有了。

这不是笑死人吗？霍去病二十四岁就死了，拜此短命鬼以求长寿，岂非妄谈？再说，去病之道，无非去命。只消把病人杀了，病自然也就没了。没了命，自然也就没有了病。因此，若想一点儿病也没有，除非是个死人，凡活人都多少带点儿病。人活着，也都总是养着病以活命的。不知此理，妄图去病，正是对《易经》这段话没参悟透的。

三是颐卦，颐养之颐。我们平常说养生之养，就本于此卦。天地养万物，人以自养。进而养贤、养万物。养生是一种伦理行为，人若不能养，其实是不道德的。

养，又强调正，故曰：“养正而吉。”正，指不偏不倚、不过不吝。所以说：“君子慎言语、节饮食。”前面已讲儒家不主张禁欲、断欲、止欲，而主张满足欲望却不过当，因此强调“节”。节即是调节、中节、节度。底下附录坎卦说譬如喝酒，用簋、用缶、用杯、用缸都无所谓，总之要斟酌于刚柔之际，合度就好。合度，就是儒家的养生原则。

四是大过卦，论男女性事。前文已说过，儒家是重视人之基本需求的。饮食男女皆不须戒禁，与佛家迥异。但男女匹配，特别是老年人的性生活该怎么看？经与传其实意见相反。经说“老妇得其士夫，无咎无誉”，尊重老女人的性需求。但《象传》说“老妇士夫，亦可丑也”，谓若枯木生花，不能久长。

关于性事养生，后面还会有讨论。

论　语

（一）雍也篇

子曰:“知者乐水,仁者乐山。知者动,仁者静。知者乐,仁者寿。”

（二）乡党篇

斋必变食，居必迁坐。

食不厌精，脍不厌细。

食饐而餲，鱼馁而肉败，不食。色恶不食，臭恶不食。

失饪不食，不时不食。

割不正不食，不得其酱不食。

肉虽多，不使胜食气。

唯酒无量，不及乱。

沽酒、市脯，不食。

不撤姜食。

不多食。

祭于公，不宿肉。

祭肉，不出三日；出三日，不食之矣。

食不语，寝不言。

虽疏食，菜羹，瓜祭，必齐如也。

（三）宪问篇

子曰:“君子道者三,我无能焉:仁者不忧;知者不惑;勇者不惧。”子贡曰:“夫子自道也！”

（四）季氏篇

孔子曰："君子有三戒；少之时，血气未定，戒之在色；及其壮也，血气方刚，戒之在斗；及其老也，血气既衰，戒之在得。"

简释：

《论语》论及养生处不多，但都很重要。

首先是总原则之确立："仁者寿"。

为何仁者寿？因为"仁者不忧"。自省无咎无失，故不忧。内在充盈自得，所以能得长寿。

这个总原则、总纲领至关紧要！

一般社会上人谈养生，都是敷脸、洗浴、熏蒸、按摩、针灸、揉耳、掐足、食疗、药补、瑜伽、体操、导引、保健、呼吸吐纳等。用庄子的话来说，这都只是养形。养形不是养生。故庄子说："吹煦呼吸、吐故纳新、熊经鸟申，为寿而已矣。此导引之士，养形之人也，彭祖寿考者之所好也。"都属于他所看不起的"刻意尚行"之士，其实皆不能真正养生。

要怎样才能养生呢？庄子提倡一种"养神之道"，说若能"不亏其神"，才算得上是真人。（均见刻意篇）

神是生命的根本，所以庄子称为"生主"。《养生主篇》，讲的就是人不该养形而该养神，神才是生之主。若无神，形还有什么用？

儒家说养生，大方向也是如此。养神之法，用庄子的话说是"忧患不能入，邪气不能侵，故其德全而形不亏"。这个道理，用儒家的话来讲，不就是"仁者寿"吗？仁者德全，不忧不惧，当然形神俱茂，自然就长寿啦！

这部分是与儒道相同，而与世俗养形之法大异其趣的。可是儒道两家也仍有区别。

区别在于道家完全不重视养形（后世道教才较重视形体的部分），而儒家不放弃形体之养这方面，只是身与心的关系是以心为主而已。

因此庄子说养生之要"官知止而神欲行""以神遇而不以目视"，又强调“德有所长而形有所忘”，教人要忘形骸、遗形骸。儒家则对形骸之养并不忽略，上文举《易经》说“饮食贞吉”就是一例。《论语·乡党篇》有更多的例证。

《乡党篇》记的都是孔子饮食起居之事。

“斋必变食”，斋祀时与平时的饮食不同，不饮酒、不茹荤。荤不是肉，是葱、蒜之类。

居必迁坐，指士大夫平时都住在燕寝处，祭祀时要迁到正寝。

食不厌精，脍不厌细，不是说要越精细越好。孔子非挑剔饮食者，故此句是说不必精细才能餍足。

食饐而餲，鱼馁肉败而不食。饐、餲、馁，都是肉腐败有臭味了，当然不能吃。色恶不食、臭恶不食，也是此理。

失饪不食。失饪，指烹饪不合节度。例如该生而熟、该熟而生，都不能吃。

不时不食。不吃零嘴，该用餐时才吃。

割不正不食。肉乱切一通怎么吃？

不得其酱，不食。例如吃生鱼脍，没有芥末酱，既少滋味，又不能杀菌，故不食。

肉虽多，不使胜食气。看到肉多，勿大吃，仍应以面饭为主。食气，指五谷之气。

唯酒无量，不及乱。这点最难，是说喝酒无一定之量，每个人尽其量就好，以醺醉而不至于乱来为度。明朝人写《酒经》，为啥把孔子推为酒圣？就是因为孔子喝酒既尽欢又有节制。历史上一些以喝酒著名的人，如刘伶、阮籍之类，与之相比，就只能称为酒鬼啦！

沽酒、市脯，不食。街上买来的酒和肉脯，怕不干净，一般不吃。

不撤姜食。指斋祀时虽戒荤却仍可吃姜。

不多食，指不过饱。

祭于公，不宿肉。在公家祭祀时分得的祭肉，一般当天就处理了。如是自己家里祭祀的肉，过两天也就不能吃了。

食不语，寝不言。不必解释。

虽蔬食菜羹瓜祭，必齐如也。祭祀时祭品纵然不丰盛，也要齐如。齐如，是恭敬的样子。

这些饮食卫生之道，大抵至今仍很管用。而《论语》不厌其烦地记录这些生活小节，即表示了儒家对这种口体之养亦不怠忽。

养口体如此，养血气则说：少时血气未定，戒之在色；壮年血气方刚，戒之在斗；老年血气既衰，戒之在得。这也是“调节”。

讲口体、血气之养如此，可见儒家并不仅重心性志气那一面。

公孙尼子

人有三百六十节，当天之数也。形体有骨肉，如地之厚也；有孔窍血脉，如川谷也；血气者风雨也。多食甘者，有益于肉而骨不利；多食苦者，有益于骨而筋不利；多食辛者，有益于筋而气不利。（《意林》引）

太古之人饮露食草木实。圣人为火食，号燧人，饮食以通血气。（《北堂书钞》引）

孔子有疾，哀公使医视之，医曰：“子居处饮食如何？”孔子曰：“某春居葛笼，夏居密杨。秋不风，冬不炀。饮食不遗，饮酒不勤。”医曰：“是良药也。”（《太平御览》引）

养气曰：“里藏太实则气不通，太虚则气不足；热胜则气，寒（此下疑缺一句）；太劳则气不入，太佚则气宛至；怒则气高，喜则气散，忧则气狂，惧则气慑。凡此十者，气之害也，而皆生于不中和。故君子怒则反中，而自说以和；喜则反中，而收之以政；忧则反中，而舒之以意；惧则反中，而实之以精。夫中和之不可不反如此。故君子道至气则华而上，凡气从心，心、气之君也，何为而气不随也。”（《春秋繁露·循天之道篇》引）

心者，众智之要，物皆求于心。舟从流于河而无维楫，求安不可得也。（《意林》引）

简释：

公孙尼子，《汉书》说是孔子弟子。今传遗文数则，多与养生有关。

一云人体上符天数，对汉儒影响很大，遂形成天地大宇宙、人身小宇宙之观念。

二云食甘、苦、辛，对人体骨、肉、筋、气的影响。其说背后有五行观，指甘、苦、辛、咸、酸五味和血、气、骨、肉、筋之配合关系。

三云人须饮食以通血气，且重火食。这是中国人养生的特点，忌生冷；不像日韩及西方人多生食。故至今仍有童谣唱道："小气鬼，喝凉水，喝了凉水变魔鬼！"

四借孔子与鲁哀公之问答，阐述人居处须与四季配合，后世"四时调摄"之观念，即由此生出。

又论饮食，说饮食不遗，但饮酒就不勤。平时饮食不会漏过，不会该吃而不吃；酒则可喝可不喝。这是正确的养生态度。故医生说这样良好的饮食起居习惯本身就是良药了。这一则也是对《论语·乡党篇》很好的补充。

五论脏腑与气的关系，再由此谈到气要如何才能中和。归结于"以心治气""中和"。这是儒家工夫论的精髓，下面还会不断谈到。

孟　子

（一）梁惠王篇上

不违农时，谷不可胜食也；数罟不入洿池，鱼鳖不可胜食也；斧斤以时入山林，材木不可胜用也。谷与鱼鳖不可胜食，材木不可胜用，是使民养生丧死无憾也。养生丧死无憾，王道之始也。

（二）公孙丑篇上

公孙丑问曰："夫子加齐之卿相，得行道焉，虽由此霸王不异矣。如此，则动心否乎？"孟子曰："否。我四十不动心。"曰："若是，则夫子过孟贲远矣？"曰："是不难，告子先我不动心。"

曰："不动心有道乎？"曰："有。北宫黝之养勇也：不肤挠，不目逃；思以一毫挫于人，若挞之于市朝；不受于褐宽博，亦不受于万乘之君；视刺万乘之君，若刺褐夫：无严诸侯；恶声至，必反之。孟施舍之所养勇也，曰：'视不胜犹胜也；量敌而后进，虑胜而后会，是畏三军者也。舍岂能为必胜哉，能无惧而已矣！孟施舍似曾子，北宫黝似子夏；夫二子之勇，未知其孰贤；然而孟施舍守约也。昔者曾子谓子让子襄曰：'子好勇乎？吾尝闻大勇于夫子矣：自反而不缩，虽褐宽博，吾不惴焉。自反而缩，虽千万人吾往矣。'孟施舍之守气，又不如曾子之守约也。"

曰："敢问夫子之动心，与告子之不动心，可得闻与？告子曰：'不得于言，勿求于心；不得于心，勿求于气。'不得于心，勿求于气，可；不得于言，勿求于心，不可。夫志、气之帅也；气、体之充也。夫志至焉，气次焉。故曰：'持其志，无暴其气。'""既曰：'志至焉，气次焉。'又曰：'持其志，无暴其气'者，何也？"曰："志壹则动气，气壹则动志也。今有蹶者趋者，是气也，而反动其心。"

"敢问夫子恶乎长？"曰："我知言，我善养吾浩然之气。""敢问何谓浩然之气？"曰："难言也。其为气也，至大至刚；以直养而无害，则塞于天地之间。其为气也，配义与道；无是，馁矣。是集义所生者，非义袭而取之也。行有不慊于心，则馁矣。我故曰：'告子未尝知义，'以其外之也。必有事焉而勿正，心勿忘，勿助长也。无若宋人然。宋人有闵其苗之不长而揠之者；芒芒然归，谓其人曰：'今日病矣，予助苗长矣。'其子趋而往视之，苗则槁矣。天下之不助苗长者寡矣。以为无益而舍之者，不耘苗者也。助之长者，揠苗者也。非徒无益，而又害之。"

简释：

孟子论养生，是分两层的。对一般人，要重视其生存基本需求，使其“养生丧死无憾”。他认为这是君王主政施行王道的基本条件。《梁惠王篇》讲的即是这一种养生。《尽心篇上》又讲了一次。

这是政治领域的问题，亦可说是养生之初级意义，满足的是人的衣食生养基本需求。

虽是初级意义，却也很重要。儒家是不唱高调的，如果生养之基本需求都顾不上，再怎么注重养生、再怎么有修养，也只能如颜回一般营养不良而死。因为人毕竟不能如道家庄子说的仙人那样吸风饮露或“归来煮白石”。故这个问题是不可忽视的，乃“王道之始也”。

不过，君子之养生，亦不能止于此一境界。如止于此，他认为只是“小人”，养的是“小体”，君子更应养“大体”。小体指形体，大体指心气。

这并不是说孟子就不重视小体，而是因他认为唯有能养大体，小体才能真正获养。故《尽心上》说“形色，天性也。惟圣人然后可以践形”。形体相貌乃是天生的，可是有些人虽长得人模人样，做起事来却像个禽兽，这就是不能践形，内外不相符了。

孟子是强调内外相符的，所以说惟圣人才能真正不愧有个人的形貌。此其一。

其二，内外如何相符呢？孟子的思路是顺着《易经·坤卦·文言传》来的：“君子贵中通理，正位居体，美在其中而畅于四肢，发于事业。”由内而外。

因此，《尽心上》又说：“君子所性，仁义礼智根于心。其生色也，睟然见于面，盎于背，施于四体，四体不言而喻。”一个君子，面貌悦泽、形体宽和，人家从他形貌上就可以看出他内心充满着仁义与智慧了，何须言说？

《公孙丑上》论知言养气之大体脉络亦是如此。本段极重要，义理层次极复杂。故后面我又选了《朱子语类》来帮助读者了解。透过朱子与其门人之问答，诸位可一层层深入玩味，此处只能简释。

第一节论不动心。不动心之方法有北宫黝式的、有孟施舍式的、有告子式、有孟子式的。北宫黝之不动心，只是憨不知畏，故不为外物所恐动。孟施舍则有所守。但孟子批评他只是守气，不如曾子能守约。至于告子“持其志,勿暴其气”,乃是以志帅气的路数。孟子则谓志与气互动，心可动气，气也可动心。因此强调养气。

气如何养？其实没什么神秘的,发挥其本心即可。人若能发挥本心，道义自充、其气自盈。所以说这是浩然之气。

此为心气合一说，以养心为养气，故云:“行有不慊于心，则馁矣！”做事，若良心上过不去，自然理不直而气不壮。

至于他用拔苗助长故事来说明，是因所谓养气养心很容易让人以为是要做些事来养。孟子则说不必，良知自然显发就好，另做什么，反而是拔苗助长了。此即孟子之工夫论。不养之养，以勿放失本心为工夫，故曰:“心勿忘，勿助长也。”是本来如此，不须添加什么的。

荀　子

（一）修身篇

扁善之度，以治气养生，则后彭祖；以修身自名，则配尧禹。宜于时通，利以处穷，礼信是也。凡用血气、志意、知虑，由礼则治通，不由礼则勃乱提僈；食饮、衣服、居处、动静，由礼则和节，不由礼则触陷生疾；容貌、态度、进退、趋行，由礼则雅，不由礼则夷固、僻违、庸众而野。故人无礼则不生，事无礼则不成，国家无礼则不宁。《诗》曰:“礼仪卒度，笑语卒获。”此之谓也。

治气养心之术：血气刚强，则柔之以调和；知虑渐深，则一之以易良；勇胆猛戾，则辅之以道顺；齐给便利，则节之以动止；狭隘褊小，则廓之以广大；卑湿重迟贪利，则抗之以高志；庸众驽散，则劫之以师友；怠慢僄弃，则照之以祸灾；愚款端悫，则合之以礼乐，通之以思索。凡治气养心之术，莫径由礼，莫要得师，莫神一好。夫是之谓治气养心之术也。

志意修则骄富贵，道义重则轻王公；内省而外物轻矣。传曰：“君子役物，小人役于物。”此之谓矣。身劳而心安，为之；利少而义多，为之；事乱君而通，不如事穷君而顺焉。故良农不为水旱不耕，良贾不为折阅不市，士君子不为贫穷怠乎道。

（二）不苟篇

君子养心莫善于诚，致诚则无它事矣。惟仁之为守，惟义之为行。诚心守仁则形，形则神，神则能化矣。诚心行义则理，理则明，明则能变矣。变化代兴，谓之天德。天不言而人推其高焉，地不言而人推其厚焉，四时不言而百姓期焉。夫此有常，以至其诚者也。

君子至德，嘿然而喻，未施而亲，不怒而威：夫此顺命，以慎其独者也。善之为道者，不诚则不独，不独则不形，不形则虽作于心，见于色，出于言，民犹若未从也；虽从必疑。天地为大矣，不诚则不能化万物；圣人为知矣，不诚则不能化万民；父子为亲矣，不诚则疏；君上为尊矣，不诚则卑。夫诚者，君子之所守也，而政事之本也，唯所居以其类至。操之则得之，舍之则失之。操而得之则轻，轻则独行，独行而不舍，则济矣。济而材尽，长迁而不反其初，则化矣。

公生明，偏生暗，端悫生通，诈伪生塞，诚信生神，夸诞生惑。此六生者，君子慎之，而禹桀所以分也。

（三）致士篇

得众动天。美意延年。诚信如神，夸诞逐魂。

（四）天论篇

天职既立，天功既成，形具而神生，好恶喜怒哀乐藏焉，夫是之谓天情。耳目鼻口形能各有接而不相能也，夫是之谓天官。心居中虚，以治五官，夫是之谓天君。财非其类以养其类，夫是之谓天养。顺其类者谓之福，逆其类者谓之祸，夫是之谓天政。暗其天君，乱其天官，弃其天养，逆其天政，背其天情，以丧天功，夫是之谓大凶。圣人清其天君，正其天官，备其天养，顺其天政，养其天情，以全其天功。如是，则知其所为，知其所不为矣；则天地官而万物役矣。其行曲治，其养曲适，其生不伤，夫是之谓知天。

（五）正论篇

子宋子曰："人之情，欲寡，而皆以己之情，为欲多，是过也。"故率其群徒，辨其谈说，明其譬称，将使人知情之欲寡也。应之曰："然则亦以人之情为欲。目不欲綦色，耳不欲綦声，口不欲綦味，鼻不欲綦臭，形不欲綦佚。此五綦者，亦以人之情为不欲乎？"

曰："人之情，欲是已。"曰："若是，则说必不行矣。以人之情为欲，此五綦者而不欲多，譬之，是犹以人之情为欲富贵而不欲货也，好美而恶西施也。古之人为之不然。以人之情为欲多而不欲寡，故赏以富厚而罚以杀损也。是百王之所同也。故上贤禄天下，次贤禄一国，下贤禄田邑，愿悫之民完衣食。今子宋子以是之情为欲寡而不欲多也，然则先王以人之所不欲者赏，而以人之欲者罚邪？乱莫大焉。今子宋子严然而好说，聚人徒，立师学，成文典，然而说不免于以至治为至乱也，岂不过甚矣哉！"

（六）礼论篇

礼起于何也？曰：人生而有欲，欲而不得，则不能无求。求而无度量分界，则不能不争；争则乱，乱则穷。先王恶其乱也，故制礼义以分之，以养人之欲，给人之求。使欲必不穷于物，物必不屈于欲。两者相持而长，是礼之所起也。

故礼者，养也。刍豢稻粱，五味调香，所以养口也；椒兰芬苾，所以养鼻也；雕琢刻镂，黼黻文章，所以养目也；钟鼓管磬，琴瑟竽笙，所以养耳也；疏房檖貌，越席床笫几筵，所以养体也。故礼者，养也。

（七）乐论篇

凡奸声感人而逆气应之，逆气成象而乱生焉；正声感人而顺气应之，顺气成象而治生焉。唱和有应，善恶相象，故君子慎其所去就也。君子以钟鼓道志，以琴瑟乐心；动以干戚，饰以羽旄，从以磬管。故其清明象天，其广大象地，其俯仰周旋有似于四时。故乐行而志清，礼修而行成，耳目聪明，血气和平，移风易俗，天下皆宁，美善相乐。故曰：乐者，乐也。君子乐得其道，小人乐得其欲，以道制欲，则乐而不乱；以欲忘道，则惑而不乐。故乐者，所以道乐也，金石丝竹，所以道德也。乐行而民乡方矣。故乐者，治人之盛者也。

（七）解蔽篇

圣人知心术之患，见蔽塞之祸，故无欲、无恶、无始、无终、无近、无远、无博、无浅、无古、无今，兼陈万物而中县衡焉。是故众异不得相蔽以乱其伦也。

何谓衡？曰：道。故心不可以不知道；心不知道，则不可道，而可非道。人孰欲得恣，而守其所不可，以禁其所可？以其不可道之心取人，则必合于不道人，而不合于道人。以其不可道之心与不道人论道人，乱之本也。夫何以知？曰：心知道，然后可道；可道然后守道以禁非道。以其可道之心取人，则合于道人，而不合于不道之人矣。以其可道之心与道人论非道，治之要也。何患不知？故治之要在于知道。

人何以知道？曰：心。心何以知？曰：虚壹而静。心未尝不臧也，然而有所谓虚；心未尝不两也，然而有所谓壹；心未尝不动也，然而有所谓静。人生而有知，知而有志；志也者，臧也；然而有所谓虚；不以所已臧害所将受谓之虚。心生而有知，知而有异；异也者，同时兼知之；同时兼知之，两也；然而有所谓一；不以夫一害此一谓之壹。心卧则梦，偷则自行，使之则谋；故心未尝不动也；然而有所谓静；不以梦剧乱知谓之静。未得道而求道者，谓之虚壹而静。作之：则将须道者之虚则人，将事道者之壹则尽，尽将思道者静则察。知道察，知道行，体道者也。虚壹而静，谓之大清明。万物莫形而不见，莫见而不论，莫论而失位。坐于室而见四海，处于今而论久远。疏观万物而知其情，参稽治乱而通其度，经纬天地而材官万物，制割大埋而宇宙里矣。恢恢广广，孰知其极？睪睪广广，孰知其德？涫涫纷纷，孰知其形？明参日月，大满八极，夫是之谓大人。夫恶有蔽矣哉！

心者，形之君也，而神明之主也，出令而无所受令。自禁也，自使也，自夺也，自取也，自行也，自止也。故口可劫而使墨云，形可劫而使诎申，心不可劫而使易意，是之则受，非之则辞。故曰：心容，其择也无禁，心自现，其物也杂博，其情之至也不贰。《诗》云："采采卷耳，不盈倾筐。嗟我怀人，寘彼周行。"倾筐易满也，卷耳易得也，然而不可以贰周行。故曰：心枝则无知，倾则不精，贰则疑惑。以赞稽之，万物可兼知也。身尽其故则美。类不可两也，故知者择一而壹焉。

农精于田，而不可以为田师；贾精于市，而不可以为市师；工精于器，而不可以为器师。有人也，不能此三技，而可使治三官。曰：精于道者也。精于物者也。精于物者以物物，精于道者兼物物。故君子壹于道，而以赞稽物。壹于道则正，以赞稽物则察；以正志行察论，则万物官矣。昔者舜之治天下也，不以事诏而万物成。处一危之，其荣满侧；养一之微，荣矣而未知。故《道经》曰："人心之危，道心之微。"危微之几，惟明君子而后能知之。故人心譬如盘水，正错而勿动，则湛浊在下，而清明在上，则足以见鬒眉而察理矣。微风过之，湛浊动乎下，清明乱于上，则不可以得大形之正也。心亦如是矣。故导之以理，养之以清，物莫之倾，则足以定是非决嫌疑矣。小物引之，则其正外易，其心内倾，则不足以决粗理矣。故好书者众矣，而仓颉独传者，壹也；好稼者众矣，而后稷独传者，壹也。好乐者众矣，而夔独传者，壹也；好义者众矣，而舜独传者，壹也。倕作弓，浮游作矢，而羿精于射；奚仲作车，乘杜作乘马，而造父精于御：自古及今，未尝有两而能精者也。曾子曰："是其庭可以搏鼠，恶能与我歌矣！"

闲居静思则通。思仁若是，可谓微乎？孟子恶败而出妻，可谓能自强矣，未及思也；有子恶卧而淬掌，可谓能自忍矣，未及好也；辟耳目之欲，远蚊虻之声，可谓危矣，未可谓微也。夫微者，至人也。至人也，何忍！何强！何危！故浊明外景，清明内景，圣人纵其欲，兼其情，而制焉者理矣，夫何强！何忍！何危！故仁者之行道也，无为也；圣人之行道也，无强也。仁者之思也恭，圣者之思也乐。此治心之道也。

学也者，固学止之也。恶乎止之？曰：止诸至足。曷谓至足？曰：圣王。圣也者，尽伦者也；王也者，尽制者也；两尽者，足以为天下极矣。

（八）正名篇

凡语治而待去欲者，无以道欲而困于有欲者也。凡语治而待寡欲者，无以节欲而困于多欲者也。有欲无欲，异类也，生死也，非治乱也。欲之多寡，异类也，情之数也，非治乱也。欲不待可得，而求者从所可。欲不待可得，所受乎天也；求者从所可，所受乎心也。所受乎天之一欲，制于所受乎心之多，固难类所受乎天也。人之所欲生甚矣，人之恶死甚矣；然而人有从生成死者，非不欲生而欲死也，不可以生而可以死也。故欲过之而动不及，心止之也。心之所可中理，则欲虽多，奚伤于治？欲不及而动过之，心使之也。心之所可失理，则欲虽寡，奚止于乱？故治乱在于心之所可，亡于情之所欲。

不求之其所在，而求之其所亡，虽曰我得之，失之矣。

性者、天之就也；情者、性之质也；欲者、情之应也。以所欲为可得而求之，情之所必不免也。以为可而道之，知所必出也。故虽为守门，欲不可去，性之具也。虽为天子，欲不可尽。欲虽不可尽，可以近尽也。欲虽不可去，求可节也。所欲虽不可尽，求者犹近尽；欲虽不可去，所求不得，虑者欲节求也。道者、进则近尽，退则节求，天下莫之若也。

心平愉，则色不及佣而可以养目，声不及佣而可以养耳，蔬食菜羹而可以养口，粗布之衣，粗紃之履，而可以养体。局室、芦帘、稿蓐、敝机筵，而可以养形。故虽无万物之美而可以养乐，无埶列之位而可以养名。如是而加天下焉，其为天下多，其私乐少矣。夫是之谓重己役物。

简释：

荀子论修身，同样不只由内心的道德层面说，也要谈治气养生之术，而其术也是由内而外。

《修身篇》从治气养生谈到治气养心。治气养生，是古老的方法，庄子批评当时养形之人整天练呼吸吐纳，指的就是这种方法。

庄子和荀子都说此乃彭祖所传，而两人均不满意其说。荀子谓：“我现在提倡的方法，或许年寿比不上彭祖，可是不但能获得健康，更可以让你真正长寿、不朽（儒家以“立功、立德、立言”为不朽，认为年寿有时而尽，好名声却能让人名垂千古）。”

这方法是什么呢？就是治气养心。

怎么做？其实就是调节。如血气刚强就调之以柔和；想得太多就调之以平易；太勇猛就调之以和顺；太狭隘就调之以开阔等。和孔子说少年血气方刚即须戒之在色一样。

这种调解，荀子就称为礼。故是用礼来治气养心。一旦人能如此做了，自然心平气和，内在充实，也就不易为外物所役扰了。此说亦回归到孔子所说“仁者不忧”。

为何礼就是调解，等下再说。先看《不苟篇》。

此篇接着谈养心之法。刚才《修身篇》讲治心养气之术，偏重养气，说要以礼来调和血气，治心法则尚未及详说，本篇便细讲了。它说：“君子养心莫善于诚。”

诚是仁；致诚是把仁心推拓出去，那就是义，故云：“惟仁之为守，惟义之为行。”养心的功夫，在于守住自己的仁心，这就是诚。凡事皆本于诚心，则一切行为必皆合乎义理、同于天道。

许多人都说荀子讲性恶，说人生下来本性就是恶的，故与孟子相反。哈哈哈，胡说八道！你看这段文字，哪一点是说人性本恶？诚心、慎独云云，更与《大学》相似。

为何如此？荀子说性恶，是讲人天生之性，只是天然的，饿则求食、渴则求饮。但你要求食求饮，别人也要，故若顺此天性，人就不免生出竞戾伤敌之心、出现争掠诈伪之行为，所以须用礼义去调解它、矫正它，让大家知道在人的社会中不能像禽兽般厮杀，还应讲礼让、有秩序等等。这些规矩及礼义道德之原则，不是人天生就懂得的，须用礼义教育之，这即是“化性起伪”。伪，指以人为之方法来教化之。

而这些礼让、秩序、规矩等，乃是人生下来就已在该社会中存在着的道德传统，是古代圣人制定下来的。所以人不可以不尊重这种历史性。

但礼义并不只是历史的、外在的、人为的规范。它还有两个内在的原理，一在圣人，一在礼仪本身。

圣人凭什么可以替人群建立道德法则？在心！

孟子是心性合一说的，认为人天生那种和禽兽类似的生物本能不叫性，只有良心良知这部分与禽兽不同者，他才称为性。因此他讲人性善，是就本心良知说。

荀子是心性分开说。人天生自然之性，其实与禽兽无异，若顺此发展，必成为恶，故曰性恶。可是人有与禽兽不同之处，人有心，心可以知道。只要能诚心、仁心、公心、正心、静心、虚心，自能知道知天，进而条理万物。像古代的圣人就是如此的。

我们不必羡慕圣人、崇拜圣人。圣人可以如此，我们若能修身、能治心养气，一样可以达到这等境界，因此他说："涂之人皆可为禹。"凡路上走着的人，谁不能做到大禹般境地？孟子说"人皆可能为尧舜"，亦是此意。

《天论篇》说心为"天君"正是说这心的主宰意义。心正了，五官四肢一切都正，而且才可以不逆天，"清其天君、正其天官、备其天养、顺其天政、养其天情，以全其天功，其养曲适，其生不伤"。

《解蔽篇》也有好几段谈这个道理。一是说心术之患在于不中正、失去了衡准的作用，人当然就蔽暗了。次说心要如何才能有衡准之作用。答案是要知道。如何才能知道呢？答案是要"虚一而静"。虚一而静就是知道的功夫。

人都是有想法的，但不以已有的想法妨碍你接受另外的想法，叫做虚。

不同的想法要寻求沟通，内心不混乱、不打架，叫做一。

静，不是心不动。心智一直都是动的，但人心有目标，能向道求道，自然就能静。如此虚、一、静，就叫做大清明。

最后再提醒大家：心是形之君、要养生养形，关键在养心，养心之要则在于合道。

心要合道，看起来仿佛很难，要时时刻刻忍住欲望、勉强去做。其实不然。什么味道，口一尝就知道了；什么声音，耳一听就明白了；什么事的善恶是非，心里不清楚吗？人只要本着自己的良心做事就好，良心就是道心，自然就合于天道，故曰："仁者知行道也，无为也。"只要内在清明，即可以纵心所欲。因为无论如何纵其欲、兼其情，都不会悖于天理。

本段还提到两个可以注意之点，需附带说明。一是"外景""内景"之说。这个术语在《礼记·曾子天圆》也提到了，后来道教沿用之。遂有《黄庭内景经》《黄庭外景经》一类经典以及观视内景之种种方法。

二是"学也者，固学止之也。恶乎止之？曰：止诸至足。曷谓至足？曰：圣王"一段，与《大学》首章非常相似，可以看成儒门共同的主张。

以上都是从圣人这一面讲如何转化人心性本来可能存在的危险，变成道心良心。故由圣人讲到心，治心的工夫也即在其中。

另一可以防止人流于邪僻不正的，就是礼。

前已说过，礼不是外在的规范。为什么呢？荀子说，礼不是谁制定的一套外在规矩来强迫我们遵守，而是人要合理地生存，本来就须发展出礼来。

譬如你想吃，其他人也都想吃，那么怎么办呢？你抢我夺，可能打翻了、打破了，大家都没得吃；或强者吃撑了，而弱者饿死了也吃不着。为了免于诸多不公不义，让大家都能更有效率地吃，就自然要形成一套游戏规则。这便是礼之起源。

因此，礼，一是形成于自然，本于天理；二是礼之形成，目的不是克制欲望，而是通过它来满足大多数人的欲望，达到合理化；三是礼本身也节制了人膨胀的个人私欲，让你明白：你要吃，别人也要吃，不能光顾着想自己。《礼论篇》所讲，大致就是这个意思。

最后要谈谈欲望怎么处理的问题。

荀子反对宋钘之流的“寡欲”或“去欲”说，详见《正论篇》《正名篇》。自古以来，认为必须寡欲、去欲才能长寿的人很多，先秦就已有道家及宋钘这类人提倡了。儒家则向来反对如此，荀子讲得尤其明确。

他认为寡欲去欲既不可能也没用，一个消除了欲望的社会并不是个好社会，何况人都有情有欲，也绝不可能去除。故重点不在劝人禁欲、去欲，而是要适当导引它、调节它。

如何调理？用礼乐！人都喜富贵、好美人，那你就要建立一种秩序，让人可以合理地得到它，这秩序就是礼。只要顺着礼，人人都能获得情欲的满足，不必你抢我夺，先打上一架。这多省心呀！所以说：“凡治气养心之术，莫径由礼！”以钟鼓道志、以琴瑟乐心，哀乐之情又能得到适当的发泄，这又多惬意呀！

五四运动以来，人们老是批评儒家用礼教束缚人，说儒家要“灭人欲”，不能正视人的情欲。说这些话的人很多，有许多还是大名人，但基本上均是文盲，没读过《荀子》这类儒家典籍，否则何至于如此瞎说？

大　学

所谓诚其意者，毋自欺也。如恶恶臭，如好好色，此之谓自谦。故君子必慎其独也。小人闲居为不善，无所不至。见君子而后厌然，揜其不善，而着其善。人之视己，如见其肺肝然，则何益矣？此谓诚于中，形于外。故君子必慎其独也。曾子曰："十目所视，十手所指，其严乎！"富润屋，德润身，心宽体胖，故君子必诚其意。

生财有大道，生之者众，食之者寡，为之者疾，用之者舒，则财恒足矣。仁者以财发身，不仁者以身发财。

简释：

能诚意，心中自然没有亏欠感，因此吃也吃得、睡也睡得，自然就心宽体胖了。

胖，不是现代人喜欢的状态，十九世纪以后大部分人都在努力减肥中。医学上也常警告大家勿得了肥胖症。身体臃肿了，确实对心脏、血管等压力太大，故应注意。

但这里须辨明几点：一，胖字本指牲之一半，也指脊椎附近的夹脊肉，和油腻肥滋之意有距离。二，心宽体胖，这个胖，尤其不能就形体肥大说，因此朱熹注解特别解释："胖，安舒也。"胖，读为盘。形体安舒，没心事的人，形体上自然就显示这个状态，令人看着也喜欢。三，心疑虑重，容易形容憔悴、颜色枯槁，须得注意。

另一段讲"仁者以财发身，不仁者以身发财"，也很重要。现在一般人都求发财、想发财，儒家则强调生财，不是发财。但第一，生财须有方法；第二，要以财发身，勿以身发财。钱财是用来帮自己过得好的，可没叫你营营碌碌、劳神耗命去赚钱呀！

韩诗外传

卷一

哀公问孔子曰:“有智寿乎?”孔子曰:“然。人有三死而非命也者,自取之也:居处不理,饮食不节,劳过者,病共杀之。居下而好干上,嗜欲不厌,求索不止者,刑共杀之。少以敌众,弱以侮强,忿不量力者,兵共杀之。故有三死而非命者,自取之也。”诗云:“人而无仪,不死何为!”

传曰:天地有合,则生气有精矣;阴阳消息,则变化有时矣;时得则治,时失则乱。故人生而不具者五:目无见,不能食,不能行,不能言,不能施化。三月微的,而后能见;七月而生齿,而后能食;期年髑就,而后能行;三年脑合,而后能言;十六精通,而后能施化。阴阳相反,阴以阳变,阳以阴变。故男、八月生齿,八岁而龆齿,十六而精化小通。女、七月生齿,七岁而龀齿,十四而精化小通。是故阳以阴变,阴以阳变。故不肖者、精化始具,而生气感动,触情纵欲,反施化,是以年寿亟夭,而性不长也。《诗》曰:“乃如之人兮,怀婚姻也,太无信也,不知命也。”贤者不然,精气阗溢,而后伤时不可过也。不见道端,乃陈情欲,以歌道义。《诗》曰:“静女其姝,俟我乎城隅,爱而不见,搔首踟蹰。瞻彼日月,悠悠我思,道之云远,曷云能来。”急时辞也,是故称之日月也。

卷二

孔子曰:“口欲味,心欲佚,教之以仁;心欲兵,身恶劳,教之以恭;好辩论而畏惧,教之以勇;目好色,耳好声,教之以义。”易曰:“艮其限,列其夤,厉熏心。”《诗》曰:“吁嗟女兮,无与士耽。”皆防邪禁佚,调和心志。

夫治气养心之术:血气刚强,则务之以调和;智虑潜深,则一之以易谅；勇毅强果，则辅之以道术；齐给便捷，则安之以静退；卑摄贪利，则抗之以高志；容众好散，则劫之以师友；怠慢摽弃，则慰之以祸灾，愿婉端悫，则合之以礼乐。凡治气养心之术，莫径由礼，莫优得师，莫慎一好。好一则博，博则精，精则神，神则化，是以君子务结心乎一也。《诗》曰："淑人君子，其仪一兮，其仪一兮，心如结兮。"

原天命，治心术，理好恶，适情性，而治道毕矣。原天命则不惑祸福，不惑祸福则动静修。治心术则不妄喜怒，不妄喜怒则赏罚不阿。理好恶则不贪无用，不贪无用则不害物性。适情性则不过欲，不过欲则养性知足。四者不求于外，不假于人，反诸己而存矣。夫人者、说人者也，形而为仁义，动而为法则。《诗》曰："伐柯伐柯，其则不远。"

卷四

传曰：爱由情出，谓之仁，节爱理宜，谓之义，致爱恭谨，谓之礼，文礼谓之容，礼容之美，自足以为治。

卷五

人有六情：目欲视好色，耳欲听宫商，鼻欲嗅芬香，口欲嗜甘旨，其身体四肢欲安而不作，衣欲被文绣而轻暖，此六者、民之六情也，失之则乱，从之则穆。故圣王之教其民也，必因其情，而节之以礼，必从其欲，而制之以义，义简而备，礼易而法，去情不远，故民之从命也速。孔子知道之易行，曰："诗云：'牖民孔易。'非虚辞也。"

圣人养一性而御夫气，持一命而节滋味，奄治天下，不遗其小，存其精神，以补其中，谓之士。《诗》曰："不竞不絿，不刚不柔。"言得中也。

卷七

传曰：善为政者、循情性之宜，顺阴阳之序，通本末之理，合天人之际，如是、则天地奉养，而生物丰美矣。不知为政者、使情厌性，使阴乘阳，使末逆本，使人诡天气，鞠而不信，郁而不宜，如是，则灾害生，怪异起，群生皆伤，而年谷不熟，是以其动伤德，其静无救，故缓者事之，急者弗知，日反理而欲以为治。《诗》曰："废为残贼，莫知其尤。"

卷八

人之所以好富贵安乐，为人所称誉者、为身也；恶贫贱危辱，为人所谤毁者、亦为身也。然身何贵也？莫贵于气；人得气则生，失气则死；其气非金帛珠玉也，不可求于人也；非缯布五谷也，不可籴买而得也；在吾身耳，不可不慎也。《诗》曰："既明且哲，以保其身。"

昨日何生？今日何成？必念归厚，必念治生；日慎一日，完如金城。《诗》曰："我日斯迈，而月斯征。夙兴夜寐，无忝尔所生。"

传曰："居处齐则色姝，食饮齐则气珍，言语齐则信听，思齐则成，志齐则盈。五者齐，斯神居之。诗曰："既和且平，依我磬声。"

卷九

贤士不以耻食，不以辱得。老子曰："名与身孰亲？身与货孰多？得与亡孰病？是故甚爱必大费，多藏必厚亡。知足不辱，知止不殆，可以长久。大成若缺，其用不敝；大盈若冲，其用不穷；大直若诎大辩若讷，大巧若拙，其用不屈。罪莫大于多欲，祸莫大于不知足。故知足之足，常足矣。"

修身不可不慎也：嗜欲侈则行亏，谗毁行则害成；患生于忿怒，祸起于纤微；污辱难湔洒，败失不复追。不深念远虑，后悔何益！徼幸者、伐性之斧也，嗜欲者、逐祸之马也，谩诞者、趋祸之路也，毁于人者、困穷之舍也。是故君子不徼幸，节嗜欲，务忠信，无毁于一人，则名声尚尊，称为君子矣。《诗》曰："何其处兮，必有与也。"

简释：

《韩诗外传》，是汉代博士韩婴作品。汉代设立《诗经》博士，分别传授齐、鲁、韩三种诗学解释，韩即为其中之一。此书称为"外传"，指它不是正规的章句训诂或注解，而是对《诗经》本事的介绍、义理的发挥等。

卷一记录鲁哀公问孔子"智寿"之道，孔子告诉他重点在于：勿自己找死。

另一段谈男女婚偶。前面说过，儒家极重视人欲望之满足。饮食男女，人之所欲，故儒家非常强调应正当地满足这种人类基本需求。《诗经》是孔子选定的，开篇第一首就是"关关雎鸠，在河之洲。窈窕淑女，君子好逑"。韩诗也是就这一点大加发挥。因此说男女交合，是配合天地阴阳的事。男十六岁而精通，女十四岁而血化，可以婚配了。太早则不行，太晚了也不行，会形成旷男怨女之现象。而旷男怨女多了，儒家是视为衰世无道之征的。

卷二讲如何调和心志。治气养心之术，务在调和。儒家强调中庸、中和，凡事不偏不倚、不及也不过，刚柔相济、宽猛互用，所以说要调和。调剂的方法，依礼行之最为简易，如能依从师长教诲指导也很好。卷五论"中"那一段，大旨亦在于此。

卷四讲治心之术。

卷五说礼是因人之情而制定的，目的是使人能"从其欲"而又能合乎义。

卷七说为政之道，须合乎天道、顺乎人情，否则就会有灾有病。本段看起来是谈政事的，为何我也选录它呢？因为儒家论政与论养生是相合的。个人如何养生跟国家如何养民是同一个道理，这叫"治身如治国"，乃儒家核心观念之一。故卷四说人若有礼容之美，足以为治，那个“治”字，讲的是治身；此处讲国君若违反了天理人情，国即不能治，讲的是治国，而两者皆本于同一原理。

底下你还会不断看到这个观念。道教如《老子河上公注》《阴符经》之类经典也依循了这个观点。

卷八说人要养身，怎么养，用金银珠宝养？用布帛粮食养？都不是！须养气。一般人都以为养气工夫出于道家或道教，儒家只重心性修持，但由公孙尼子、孟子、荀子到韩婴，你已看到了，治心养气、治气养心之说不断！

本卷又说人应重视养生。要把个人的生命治理得固若金汤。一般人总以为儒家不重视个人身体与寿命，不知其重治生也若此！

但治生之道为何？韩婴说：和平。齐，即调剂之意。一切均能调剂得和平中正、自然就好了。

卷九先引老子语，劝人知足常乐。继则发挥其意，劝人不侥幸、节嗜欲。

春秋繁露

通国身第二十二

气之清者为精，人之清者为贤。治身者以积精为宝，身以心为本，国以君为主。精积于其本，则血气相承受；贤积于其主，则上下相制使。血气相承受，则形体无所苦；上下相制使，则百官各得其所。形体无所苦，然后身可得而安也；百官各得其所，然后国可得而守也。夫欲致精者，必虚静其形；欲致贤者，必卑谦其身。形静志虚者，精气之所趣也；谦尊自卑者，仁贤之所事也。故治身者务执虚静以致精，治国者务尽卑谦以致贤。能致精则合明而寿，能致贤则德泽洽而国太平。

身之养重于义第三十一

天之生人也，使人生义与利。利以养其体，义以养其心。心不得义不能乐，体不得利不能安。义者心之养也，利者体之养也。体莫贵于心，故养莫重于义，义之养生人大于利。奚以知之？今人大有义而甚无利，虽贫与贱，尚荣其行，以自好而乐生，原宪、曾、闵之属是也。人甚有利而大无义，虽甚富，则羞辱大恶。恶深，非立死其罪者，即旋伤殃忧尔，莫通能以乐生而终其身，刑戮夭折之民是也。夫人有义者，虽贫能自乐也。而大无义者，虽富莫能自存。吾以此实义之养生人，大于利而厚于财也。民不能知而常反之，皆忘义而殉利，去理而走邪，以贼其身而祸其家。此非其自为计不忠也，则其知之所不能明也。

为人者天第四十一

人之喜怒，化天之寒暑；人之受命，化天之四时。人生有喜怒哀乐之答，春秋冬夏之类也。春之答也，怒，秋之答也；乐，夏之答也；哀，冬之答也。天之副在乎人。非道不行，非法不言。”此之谓也。

五行之义第四十二

天有五行：一曰木，二曰火，三曰土，四曰金，五曰水。木，五行之始也；水，五行之终也；土，五行之中也。此其天次之序也。木生火，火生土，土生金，金生水，水生木，此其父子也。木居左，金居右，火居前，水居后，土居中央，此其父子之序，相受而布。是故木受水，而火受木，土受火，金受土，水受金也。诸授之者，皆其父也；受之者，皆其子也。常因其父以使其子，天之道也。是故木已生而火养之，金已死而水藏之，火乐木而养以阳，水克金而丧以阴，土之事火竭其忠。故五行者，乃孝子忠臣之行也。五行之为言也，犹五行与？是故以得辞也，圣人知之，故多其爱而少严，厚养生而谨送终，就天之制也。以子而迎成养，如火之乐木也。丧父，如水之克金也。事君，若土之敬天也。可谓有行人矣。五行之随，各如其序，五行之官，各致其能。是故木居东方而主春气，火居南方而主夏气，金居西方而主秋气，水居北方而主冬气。是故木主生而金主杀，火主暑而水主寒，使人必以其序，官人必以其能，天之数也。土居中央，为之天润。土者，天之股肱也。其德茂美，不可名以一时之事，故五行而四时者。土兼之也。金木水火虽各职，不因土，方不立，若酸咸辛苦之不因甘肥不能成味也。甘者，五味之本也；土者，五行之主也。五行之主土气也，犹五味之有甘肥也，不得不成。是故圣人之行，莫贵于忠，土德之谓也。

四时之副第五十五

天之道，春暖以生，夏暑以养，秋清以杀，冬寒以藏。暖暑清寒，异气而同功，皆天之所以成岁也。圣人副天之所行以为政，故以庆副暖而当春，以赏副暑而当夏，以罚副清而当秋，以刑副寒而当冬。庆赏罚刑，毕事而同功，皆王者之所以成德也。庆赏罚刑与春夏秋冬，以类相应也，如合符。

人副天数第五十六

天德施，地德化，人德义。天气上，地气下，人气在其间。春生夏长，百物以同；秋杀冬收，百物以藏。故莫精于气，莫富于地，莫神于天。天地之精所以生物者，莫贵于人。人受命乎天也，故超然有以倚。物疢莫能为仁义，唯人独能为仁义；物疢疾莫能偶天地，唯人独能偶天地。人有三百六十节，偶天之数也；形体骨肉，偶地之厚也。上有耳目聪明，日月之象也；体有空穹进脉，川谷之象也；心有哀乐喜怒，神气之类也。观人之礼一，何高物之甚，而类于天也。物旁折取天之阴阳以生活耳，而人乃烂然有文理。是故凡物之形，莫不伏从旁折天地而行，人独题直立端尚，正正当之。是故所取天地少者，旁折之；所取天地多者，正当之。此见人之绝于物而参天地。是故人之身，首妿而员，象天容也；发，象星辰也；耳目戾戾，象日月也；鼻口呼吸，象风气也；胸中达知，象神明也，腹胞实虚，象百物也。百物者最近地，故要以下，地也。天地之象，以要为带。颈以上者，精神尊严，明天类之状也；颈而下者，丰厚卑辱，土壤之比也。足布而方，地形之象也。是故礼，带置绅必直其颈，以别心也。带而上者尽为阳，带而下者尽为阴，阳，天气也；阴，地气也。故阴阳之动，使人足病，喉痺起，则地气痹起，则地气上为云雨，而象亦应之也。天地之符，阴阳之副，常设于身，身犹天也，数与之相参，故命与之相连也。天以终岁之数，成人之身，故小节三百六十六，副日数也；大节十二分，副月数也；内有五藏，副五行数也；外有四肢，副四时数也；乍视乍暝，副昼夜也；乍刚乍柔，副冬夏也；乍哀乍乐，副阴阳也；心有计虑，副度数也；行有伦理，副天地也。此皆暗肤着身，与人俱生，比而偶之弇合。于其可数也，副数；不可数者，副类。皆当同而副天，一也。是故陈其有形以着其无形者，拘其可数以着其不可数者。以此言道之，亦宜以类相应，犹其形也，以数相中也。

循天之道第七十七

循天之道，以养其身，谓之道也。天有两和以成二中，岁立其中，用之无穷。是北方之中用合阴，而物始动于下；南方之中用合阳，而养始美于上。其动于下者，不得东方之和不能生，中春是也。其养于上者，不得西方之和不能成，中秋是也。然则天地之美恶，在两和之处，二中之所来归而遂其为也。是故东方生而西方成，东方和生北方之所起，西方和成南方之所养长。起之不至于和之所不能生，养长之不至于和之所不能成。成于和，生必和也；始于中，止必中也。中者，天地之所终始也；而和者，天地之所生成也。夫德莫大于和，而道莫正于中。中者，天地之美达理也，圣人之所保守也。《诗》云：“不刚不柔，布政优优。”此非中和之谓欤？是故能以中和理天下者，其德大盛；能以中和养其身者，其寿极命。男女之法，法阴与阳。阳气起于北方，至南方而盛，盛极而合乎阴。阴气起乎中夏，至中冬而盛，盛极而合乎阳。不盛不合，是故十月而壹俱盛，终岁而乃再合。天地久节，以此为常，是故先法之内矣，养身以全，使男子不坚牡不家室，阴不极盛不相接。是故身精明，难衰而坚固，寿考无忒，此天地之道也。天气先盛牡而后施精，故其精固；地气盛牝而后化，故其化良。是故阴阳之会，冬合北方而物动于下，夏合南方而物动于上。上下之大动，皆在日至之后。为寒则凝冰裂地，为热则焦沙烂石。气之精至于是，故天地之化，春气生而百物皆出，夏气养而百物皆长，秋气杀而百物皆死，冬气收而百物皆藏。是故惟天地之气而精，出入无形，而物莫不应，实之至也。君子法乎其所贵。天地之阴阳当男女，人之男女当阴阳。阴阳亦可以谓男女，男女亦可以谓阴阳……举天地之道，而美于和，是故物生，皆贵气而迎养之。孟子曰：“我善养吾浩然之气者也。”谓行必终礼，而心自喜，常以阳得生其意也。公孙之养气曰：“裹藏泰实则气不通，泰虚则气不足，热胜则气，寒胜则气，泰劳则气不入，泰佚则气宛至，怒则气高，喜则气散，忧则气狂，惧则气慑。凡此十者，缺之害也，而皆生于不中和。故君子怒则反中而自说以和，喜则反中而收之以正，忧则反中而舒之以意，惧则反中而实之以精。”夫中和之不可不反如此。故君子道至，气则华而上。凡气从心。心，气之君也，何为而气不随也。是以天下之道者，皆言内心其本也。故仁人之所以多寿者，外无贪而内清净，心和平而不失中正，取天地之美以养其身，是其且多且治。鹤之所以寿者，无宛气于中，猿之所以寿者，好引其末，是故气四越。天气常下施于地，是故道者亦引气于足；天之气常动而不滞，是故道者亦不宛气。苟不治，虽满不虚。是故君子养而和之，节而法之，去其群泰，取其众和。高台多阳，广室多阴，远天地之和也，故圣人弗为，适中而已矣。法人八尺，四尺其中也。宫者，中央之音也；甘者，中央之味也；四尺者，中央之制也。是故三王之礼，味皆尚甘，声皆尚和。处其身所以常自渐于天地之道，其道同类，一气之辨也。法天者乃法人之辨。天之道，向春夏而阴去。是故古之人霜降而迎女，冰泮而杀内，与阴俱近，与阳俱远也。天地之气，不致盛满，不交阴阳。是故君子甚爱气而游于房，以体天也。气不伤于以盛通，而伤于不时、天并。不与阴阳俱往来，谓之不时；恣其欲而不顾天数，谓之天并。君子治身，不敢违天。是故新牡十日而一游于房，中年者倍新牡，始衰者倍中年，中衰者倍始衰，大衰者以月当新牡之日，而上与天地同节矣。此其大略也，然而其要皆期于不极盛不相遇。疏春而旷夏，谓不远天地之数。民皆知爱其衣食，而不爱其天气。天气之于人，重于衣食。衣食尽，尚犹有闲，气尽而立终。故养生之大者，乃在爱气。气从神而成，神从意而出。心之所之谓意，意劳者神扰，神扰者气少，气少者难久矣。故君子闲欲止恶以平意，平意以静神，静神以养气。气多而治，则养身之大者得矣。古之道士有言曰：将欲无陵，固守一德。此言神无离形，则气多内充，而忍饥寒也。和乐者，生之外泰也；精神者，生之内充也。外泰不若内充，而况外伤乎？忿恤忧恨者，生之伤也；和说劝善者，生之养也。君子慎小物而无大败也。行中正，声向荣，气意和平，居处虞乐，可谓养生矣。凡养生者，莫精于气。是故春袭葛，夏居密阴，秋避杀风，冬避秤洁，就其和也。衣欲常漂，食欲常饥。体欲常劳，而无长佚，居多也。凡卫地之物，乘于其泰而生，厌于其胜而死，四时之变是也。故冬之水气，东加于春而木生，乘其泰也。春之生，西至金而死，厌于胜也。生于木者，至金而死；生于金者，至火而死。春之所生而不得过秋，秋之所生不得过夏，天之数也。饮食臭味，每至一时，亦有所胜，有所不胜，之理不可不察也。四时不同气，气各有所宜，宜之所在，其物代美。视代美而代养之，同时美者杂食之，是皆其所宜也。故薺以冬美，而荼以夏成，此可以见冬夏之所宜服矣。冬，水气也薺，甘味也，乘于水气而美者，甘胜寒也。之为言济与？济，大水也。夏，火气也，荼，苦味也，乘于火气而成者，苦胜暑也。天无所言，而意以物。物不与群物同时而生死者，必深察之，是天之所以告人也。故薺成告之甘，荼成告之苦也。君子察物而成告谨，是以至薺不可食之时，而尽远甘物，至荼成就也。天所独代之成者，君子独代之，是冬夏之所宜也。春秋杂物其和，而冬夏代服其宜，则当得天地之美，四时和矣。凡择味之大体，各因其时之所美，而违天不远矣。是故当百物大生之时，群物皆生，而此物独死。可食者，告其味之便于人也；其不食者，告杀秽除害之不待秋也。当物之大枯之时，群物皆死，如此物独生。其可食者，益食之，天为之利人，独代生之；其不可食，益畜之。天愍州华之间，故生宿麦，中岁而熟之。君子察物之异，以求天意，大可见矣。是故男女体其盛，臭味取其胜，居处就其和，劳佚居其中，寒暖无失适，饥饱无过平，欲恶度理，动静顺性，喜怒止于中，忧惧反之正，此中和常在乎其身，谓之得天地泰。得天地泰者，其寿引而长；不得天地泰者，其寿伤而短。短长之质，人之所由受于天也。是故寿有短长，养有得失，及至其末之，大卒而必雠，于此莫之得离，故寿之为言，犹雠也。天下之人虽众，不得不各雠其所生，而寿夭于其所自行。自行可久之道者，其寿雠于久；自行不可久之道者，其寿亦雠于不久。久与不久之情，各雠其生平之所行，今如后至，不可得胜，故曰：寿者雠也。然则人之所自行，乃与其寿夭相益损也。其自行佚而寿长者，命益之也；其自行端而寿短者，命损之也。以天命之所损益，疑人之所得失，此大惑也。是故天长之而人伤之者，其长损；天短之而人养之者，其短益。夫损益者皆人，人其天之继欤？出其质而人弗继，岂独立哉！

如天之为第八十

阴阳之气，在上天，亦在人。在人者为好恶喜怒，在天者为暖清寒暑。出入上下、左右、前后，平行而不止，未尝有所稽留滞郁也。其在人者，亦宜行而无留，若四时之条条然也。夫喜怒哀乐之止动也，此天之所为人性命者。临其时而欲发其应，亦天应也，与暖清寒暑之至其时而欲发无异。若留德而待春夏，留刑而待秋冬也，此有顺四时之名，实逆于天地之经。在人者亦天也，奈何其久留天气，使之郁滞，不得以其正周行也……人有喜怒哀乐，犹天之有春夏秋冬也。喜怒哀乐之至其时而欲发也，若春夏秋冬之至其时而欲出也，皆天气之然也。

天地阴阳第八十一

天、地、阴、阳、木、火、土、金、水，九，与人而十者，天之数毕也。故数者至十而止，书者以十为终，皆取之此。圣人何其贵者？起于天，至于人而毕。毕之外谓之物，物者投所贵之端，而不在其中。以此见人之超然万物之上，而最为天下贵也。人，下长万物，上参天地。故其治乱之故，动静顺逆之气，乃损益阴阳之化，而摇荡四海之内。

简释：

《春秋繁露》是董仲舒解释《春秋》并依此衍伸来讲儒家大义的书。《春秋》乃经世之书，但其中也不乏治身之说。因为我已讲过：治身如治国，两者同理，均须合乎天道，本于人情。

《通国身》这一篇，标题就是这个意思，所以说治国要谦卑以致贤，治身要虚静以致精，如此则人寿国安。

《身之养重于义篇》则专就养身这方面说，谓养身之法，一般人都以为要求利，其实真能养身的是义。儒家讲义利之辨是从孟子开始的。但孟子说义利之辨是针对梁惠王问“何以利吾国”时提出的。故一般不会想到个人治身养生，也与义利之辨有关。因此董仲舒这一段很重要。

《为人者天篇》提到了另一个重点：刚刚讲了“身国一如”，现在要讲“天人一如”。人和天是一样的。人有喜怒，天有寒暑，故治身之法，在于合乎天道、依乎天行。

天行有常。常，依汉儒归纳，可以五行来理解它。木、火、土、金、水五行相生，春夏秋冬、东西南北中、酸咸辛苦甜，与之相配，人情之爱敬喜怒也与之相配。《五行之义》《四时之副》讲的就是这层道理。

《人副天数》是在四时五行之外，再补充一个“天人一如”的理论。说人体就像天地，所以治身养生须和天地相呼应，这样才能同类相应。

《循天之道》可说是上面几章的总说：总而言之，人就该“循天之道，以养其身”。

循天之道，基本原则是中和，本文前半段即申言此理。接着则谈男女性事如何才能中和，并引孟子、公孙尼子之说以为辅论。大体意思是说要到适婚期才性交。年纪渐长则要节制，渐渐减少。不过，次数其实不是重点，重点是“阴阳不极盛不相遇”，例如病中病后、身体倦怠之际，或男女一方无兴致时，均不宜交接。如此便能不纵欲。不纵恣情欲，自能平意、静神、养气，如此即能养生。

本篇还谈了许多其他道理，例如养生重在内充精神而非养形。养精气神之法，除了意气要平和之外，也要注意一些生活细节，如秋天要避风，夏天要避暑，衣服须常洗换，吃东西勿太饱，形体得常劳动，饮食还要随季节调理，不必吃不当季的东西。如此，“男女体其盛，臭味取其胜。居处就其和，劳佚居其中。寒暖无失适，饥饱无过平”，人自然就长寿了。

这里，董仲舒提出了一个讲法：“寿者雠也。”雠非寇雠之雠，是相应的意思，指人之寿夭和你自己的行为相应。你养得好，自能长寿；自己不顾惜，瞎折腾，当然也就死得快。

儒家是主张自律的，“祸福无门，惟人自召”。不是谁规定了你该活得长或谁能保佑你长寿那种“他律”法门。后世道教常说“我命在我不在天”，意即同此，和求神拜佛以求长生者为两路。

《如天之为》《天地阴阳》各篇大抵亦说天地一如，教人法天而行。可视为上述义理之补充。

礼 记

曲礼上

敖不可长，欲不可从，志不可满，乐不可极。

檀弓上

曾子曰："丧有疾，食肉饮酒，必有草木之滋焉。以为姜桂之谓也。"

礼运

饮食男女，人之大欲存焉；死亡贫苦，人之大恶存焉。故欲恶者，心之大端也。人藏其心，不可测度也；美恶皆在其心，不见其色也，欲一以穷之，舍礼何以哉？故人者，其天地之德，阴阳之交，鬼神之会，五行之秀气也。故天秉阳，垂日星；地秉阴，窍于山川。播五行于四时，和而后月生也。是以三五而盈，三五而阙。五行之动，迭相竭也，五行、四时、十二月，还相为本也；五声、六律、十二管，还相为宫也；五味、六和、十二食，还相为质也；五色、六章、十二衣，还相为质也。故人者，天地之心也，五行之端也，食味别声被色而生者也。故圣人作则，必以天地为本，以阴阳为端，以四时为柄，以日星为纪，月以为量，鬼神以为徒，五行以为质，礼义以为器，人情以为田，四灵以为畜。以天地为本，故物可举也；以阴阳为端，故情可睹也；以四时为柄，故事可劝也；以日星为纪，故事可列也；月以为量，故功有艺也；鬼神以为徒，故事有守也；五行以为质，故事可复也；礼义以为器，故事行有考也；人情以为田，故人以为奥也；四灵以为畜，故饮食有由也。何谓四灵？麟凤龟龙，谓之四灵。故龙以为畜，故鱼鲔不淰；

凤以为畜，故鸟不獝；麟以为畜，故兽不狘；龟以为畜，故人情不失。故先王秉蓍龟，列祭祀，瘗缯，宣祝嘏辞说，设制度，故国有礼，官有御，事有职，礼有序。

四体既正，肤革充盈，人之肥也。父子笃，兄弟睦，夫妇和，家之肥也。大臣法，小臣廉，官职相序，君臣相正，国之肥也。天子以德为车、以乐为御，诸侯以礼相与，大夫以法相序，士以信相考，百姓以睦相守，天下之肥也。是谓大顺。大顺者，所以养生送死、事鬼神之常也。

内则

凡食齐视春时，羹齐视夏时，酱齐视秋时，饮齐视冬时。凡和，春多酸，夏多苦，秋多辛，冬多咸，调以滑甘。牛宜稌，羊宜黍，豕宜稷，犬宜粱，鴈宜麦，鱼宜苽。春宜羔豚膳膏芗，夏宜腒鱐膳膏臊，秋宜犊麛膳膏腥，冬宜鲜羽膳膏膻。牛修，鹿脯，田豕脯，麋脯，麕脯，麋、鹿、田豕、麕，皆有轩，雉兔皆有芼。爵，鷃，蜩，范，芝栭，蔆，椇，枣，栗，榛，柿，瓜，桃，李，梅，杏，楂，梨，姜，桂。大夫燕食，有脍无脯，有脯无脍。士不贰羹胾，庶人耆老不徒食。脍：春用葱，秋用芥、豚；春用韭，秋用蓼。脂用葱，膏用薤，三牲用藙，和用酰，兽用梅。鹑羹、鸡羹、駕，酿之蓼。鲂鱮烝，雏烧，雉，芗无蓼。不食雏鳖，狼去肠，狗去肾，狸去正脊，兔去尻，狐去首，豚去脑，鱼去乙，鳖去丑。肉曰脱之，鱼曰作之，枣曰新之，栗曰撰之，桃曰胆之，柤梨曰攒之。牛夜鸣则庮，羊泠毛而毳、膻，狗赤股而躁、臊，鸟皫色而沙鸣、郁，豕望视而交睫、腥，马黑脊而般臂、漏，雏尾不盈握弗食，舒鴈翠，鹄鸮胖，舒凫翠，鸡肝，鴈肾，鸨奥，鹿胃。肉腥细者为脍，大者为轩；或曰麋鹿鱼为菹，麕为辟鸡，野豕为轩，兔为宛脾，切葱若薤，实诸酰以柔之。

凡养老：有虞氏以燕礼，夏后氏以飨礼，殷人以食礼，周人修而兼用之。凡五十养于乡，六十养于国，七十养于学，达于诸侯。八十拜君命，一坐再至，瞽亦如之，九十者使人受。五十异粻，六十宿肉，七十二膳，八十常珍，九十饮食不违寝，膳饮从于游可也。六十岁制，七十时制，八十月制，九十日修，唯绞紟衾冒，死而后制。五十始衰，六十非肉不饱，七十非帛不暖，八十非人不暖，九十虽得人不暖矣……曾子曰："孝子之养老也，乐其心不违其志，乐其耳目，安其寝处，以其饮食忠养之孝子之身终，终身也者，非终父母之身，终其身也；是故父母之所爱亦爱之，父母之所敬亦敬之，至于犬马尽然，而况于人乎！"

月令

孟春之月，日在营室，昏参中，旦尾中，其日甲乙，其帝大皞，其神句芒，其虫鳞，其音角，律中大蔟，其数八，其味酸，其臭膻，其祀户，祭先脾。

东风解冻，蛰虫始振，鱼上冰，獭祭鱼，鸿鴈来。天子居青阳左个，乘鸾路，驾仓龙，载青旗，衣青衣，服仓玉，食麦与羊，其器疏以达。

是月也，以立春。先立春三日，大史谒之天子，曰："某日立春，盛德在木。"天子乃齐。立春之日，天子亲帅三公、九卿、诸侯、大夫以迎春于东郊。还反，赏公卿诸侯大夫于朝。命相布德和令，行庆施惠，下及兆民。庆赐遂行，毋有不当。乃命大史，守典奉法，司天日月星辰之行，宿离不贷，毋失经纪，以初为常。

是月也，天子乃以元日祈谷于上帝，乃择元辰。天子亲载耒耜，措之于参保介之御间，帅三公、九卿、诸侯、大夫躬耕帝借。天子三推，三公五推，卿诸侯九推。反，爵于大寝，三公、九卿、诸侯、大夫皆御，命曰劳酒。

是月也，天气下降，地气上腾，天地和同，草木萌动。王命布农事，命田舍东郊，皆修封疆，审端经术，善相丘陵，阪险，原隰，土地所宜，五谷所殖，以教道。民必躬亲之，田事既饬，先定准直，农乃不惑。

是月也，命乐正入学习舞，乃修祭典，命祀山林川泽，牺牲毋用牝。禁止伐木，毋覆巢，毋杀孩虫、胎夭飞鸟，毋麛毋卵，毋聚大众，毋置城郭，掩骼埋胔。

是月也，不可以称兵，称兵必天殃。兵戎不起，不可从我始。毋变天之道，毋绝地之理，毋乱人之纪。

孟春行夏令，则雨水不时，草木蚤落，国时有恐。行秋令，则其民大疫，猋风暴雨总至，藜莠蓬蒿并兴。行冬令，则水潦为败，雪霜大挚，首种不入。

仲春之月，日在奎，昏弧中，旦建星中。其日甲乙，其帝大皞，其神句芒，其虫鳞，其音角，律中夹钟，其数八，其味酸，其臭膻，其祀户，祭先脾。始雨水，桃始华，仓庚鸣，鹰化为鸠。天子居青阳大庙，乘鸾路，驾仓龙，载青旗，衣青衣，服仓玉，食麦与羊，其器疏以达。

是月也，安萌牙，养幼少，存诸孤。择元日，命民社。命有司，省图圄，去桎梏，毋肆掠，止狱讼。

是月也，玄鸟至。至之日，以大牢祠于高禖，天子亲往，后妃帅九嫔御。乃礼天子所御，带以弓韣，授以弓矢，于高禖之前。

是月也，日夜分，雷乃发声，始电，蛰虫咸动，启户始出。先雷三日，奋木铎以令兆民曰："雷将发声，有不戒其容止者，生子不备，必有凶灾。"日夜分，则同度量，钧衡石，角斗甬，正权概。是月也，耕者少舍，乃修阖扇，寝庙毕备。毋作大事，以妨农之事。

是月也，毋竭川泽，毋漉陂池，毋焚山林。天子乃鲜羔开冰，先荐寝庙。上丁，命乐正习舞，释菜。天子乃帅三公、九卿、诸侯、大夫亲往视之。仲丁，又命乐正入学习舞。是月也，祀不用牺牲，用圭璧，更皮币。

仲春行秋令，则其国大水，寒气揔，至寇戎来征。行冬令，则阳气不胜，麦乃不熟，民多相掠。行夏令，则国乃大旱，暖气早来，虫螟为害。

季春之月，日在胃，昏七星中，旦牵牛中。其日甲乙，其帝大皞，其神句芒，其虫鳞，其音角，律中姑洗，其数八，其味酸，其臭膻，其祀户，祭先脾。桐始华，田鼠化为鴽，虹始见，萍始生。天子居青阳右个，乘鸾路，驾仓龙，载青旗，衣青衣，服仓玉，食麦与羊，其器疏以达。

是月也，天子乃荐鞠衣于先帝。命舟牧覆舟，五覆五反，乃告舟备具于天子焉。天子始乘舟，荐鲔于寝庙，乃为麦祈实。

是月也，生气方盛，阳气发泄，句者毕出，萌者尽达，不可以内。天子布德行惠，命有司，发仓廪，赐贫穷，振乏绝，开府库，出币帛，周天下，勉诸侯，聘名士，礼贤者。

是月也，命司空曰："时雨将降，下水上腾，循行国邑，周视原野，修利堤防，道达沟渎，开通道路，毋有障塞。"田猎罝罘、罗罔、毕翳、餧兽之药，毋出九门。

是月也，命野虞无伐桑柘。鸣鸠拂其羽，戴胜降于桑，具曲植蘧筐，后妃齐戒，亲东乡躬桑，禁妇女毋观，省妇使，以劝蚕事。蚕事既登，分茧称丝效功，以共郊庙之服，无有敢惰。

是月也，命工师，令百工，审五库之量，金、铁、皮、革、筋、角、齿、羽、箭、干、脂、胶、丹、漆，毋或不良。百工咸理，监工日号，毋悖于时，毋或作为淫巧，以荡上心。

是月之末，择吉日大合乐，天子乃率三公、九卿、诸侯、大夫亲往视之。是月也，乃合累牛腾马，游牝于牧。牺牲驹犊，举书其数。命国难，九门磔攘，以毕春气。

季春行冬令，则寒气时发，草木皆肃，国有大恐。行夏令，则民多疾疫，时雨不降，山林不收。行秋令，则天多沈阴，淫雨蚤降，兵革并起。

孟夏之月，日在毕，昏翼中，旦婺女中。其日丙丁，其帝炎帝，其神祝融，其虫羽，其音征，律中中吕，其数七，其味苦，其臭焦，其祀灶，祭先肺。蝼蝈鸣，蚯蚓出，王瓜生，苦菜秀。天子居明堂左个，乘朱路，驾赤马，载赤旗，衣朱衣，服赤玉，食菽与鸡，其器高以粗。

是月也，以立夏。先立夏三日，大史谒之天子曰:“某日立夏，盛德在火。”天子乃齐。立夏之日，天子亲帅三公、九卿、大夫以迎夏于南郊。还反，行赏，封诸侯，庆赐遂行，无不欣说。乃命乐师，习合礼乐。命太尉，赞桀俊，遂贤良，举长大。行爵出禄，必当其位。

是月也，继长增高，毋有坏堕。毋起土功，毋发大众，毋伐大树。

是月也，天子始絺，命野虞，出行田原，为天子劳农劝民，毋或失时。命司徒巡行县鄙，命农勉作，毋休于都。

是月也，驱兽毋害五谷，毋大田猎。农乃登麦，天子乃以彘尝麦，先荐寝庙。

是月也，聚畜百药，靡草死，麦秋至，断薄刑，决小罪，出轻系。蚕事毕，后妃献茧，乃收茧税，以桑为均，贵贱长幼如一，以给郊庙之服。

是月也，天子饮酎，用礼乐。

孟夏行秋令，则苦雨数来，五谷不滋，四鄙入保。行冬令，则草木蚤枯，后乃大水，败其城郭。行春令，则蝗虫为灾，暴风来格，秀草不实。

仲夏之月，日在东井，昏亢中，旦危中。其日丙丁，其帝炎帝，其神祝融，其虫羽，其音征，律中蕤宾，其数七，其味苦，其臭焦，其祀灶，祭先肺。小暑至，螳螂生，鵙始鸣，反舌无声。天子居明堂太庙，乘朱路，驾赤马，载赤旗，衣朱衣，服赤玉，食菽与鸡，其器高以粗，养壮佼。

是月也，命乐师修鼗鞞鼓，均琴瑟管箫，执干戚戈羽，调竽笙（上“竹”下“也”）簧，饬钟磬柷敔。

命有司为民祈祀山川百源，大雩帝，用盛。乃命百县雩祀百辟卿士有益于民者，以祈谷实。农乃登黍。

是月也，天子乃以雏尝黍，羞以含桃，先荐寝庙。令民毋艾蓝以染，毋烧灰，毋暴布，门闾毋闭，关市毋索，挺重囚，益其食。游牝别群，则絷腾驹，班马政。

是月也，日长至，阴阳争，死生分，君子齐戒，处必掩身。毋躁，止声色，毋或进，薄滋味，毋致和，节耆欲，定心气，百官静，事毋刑，以定晏阴之所成。鹿角解，蝉始鸣，半夏生，木堇荣。

是月也，毋用火南方。可以居高明，可以远眺望，可以升山陵，可以处台榭。

仲夏行冬令，则雹冻伤谷，道路不通，暴兵来至。行春令，则五谷晚熟，百螣时起，其国乃饥。行秋令，则草木零落，果实早成，民殃于疫。

季夏之月，日在柳，昏火中，旦奎中。其日丙丁，其帝炎帝，其神祝融，其虫羽，其音征，律中林钟，其数七，其味苦，其臭焦，其祀灶，祭先肺，温风始至，蟋蟀居壁，鹰乃学习，腐草为萤。天子居明堂右个，乘朱路，驾赤马，载赤旗，衣朱衣，服赤玉，食菽与鸡，其器高以粗。命渔师伐蛟，取鼍，登龟，取鼋。命泽人纳材苇。

是月也，命四监大合百县之秩刍，以养牺牲。令民无不咸出其力，以共皇天上帝、名山大川、四方之神，以祠宗庙社稷之灵，以为民祈福。

是月也，命妇官染采。黼黻文章，必以法故，无或差贷。黑黄仓赤，莫不质良，毋敢诈伪。以给郊庙祭祀之服，以为旗章，以别贵贱等给之度。

是月也，树木方盛，乃命虞人入山行木，毋有斩伐，可以兴土功，不可以合诸侯，不可以起兵动众。毋举大事，以摇养气。毋发令而待，以妨神农之事也。水潦盛昌，神农将持功，举大事则有天殃。

是月也，土润溽暑，大雨时行，烧薙行水，利以杀草，如以热汤，可以粪田畴，可以美土疆。

季夏行春令，则谷实鲜落，国多风欬，民乃迁徙。行秋令，则丘隰水潦，禾稼不熟，乃多女灾。行冬令，则风寒不时，鹰隼蚤鸷，四鄙入保。

中央土，其日戊己，其帝黄帝，其神后土，其虫倮，其音宫，律中黄钟之宫，其数五，其味甘，其臭香，其祀中溜，祭先心。

天子居大庙大室，乘大路，驾黄马，载黄旗，衣黄衣，服黄玉，食稷与牛，其器圜以闳。

孟秋之月，日在翼，昏建星中，旦毕中。其日庚辛，其帝少皞，其神蓐收，其虫毛，其音商，律中夷则，其数九，其味辛，其臭腥，其祀门，祭先肝。凉风至，白露降，寒蝉鸣，鹰乃祭鸟，用始行戮。天子居总章左个，乘戎路，驾白骆，载白旗，衣白衣，服白玉，食麻与犬，其器廉以深。

是月也，以立秋。先立秋三日，大史谒之天子曰："某日立秋，盛德在金。"天子乃齐。立秋之日，天子亲帅三公、九卿、诸侯、大夫以迎秋于西郊。还反，赏军帅武人于朝。天子乃命将帅选士厉兵，简练桀俊。专任有功，以征不义。诘诛暴慢，以明好恶，顺彼远方。

是月也，命有司修法制，缮囹圄，具桎梏，禁止奸，慎罪邪，务搏执。命理瞻伤，察创，视折，审断决，狱讼必端平，戮有罪，严断刑。天地始肃，不可以赢。

是月也，农乃登谷，天子尝新，先荐寝庙。命百官始收敛，完堤防，谨壅塞，以备水潦。修宫室，坏墙垣，补城郭。

是月也，毋以封诸侯，立大官，毋以割地，行大使，出大币。孟秋行冬令，则阴气大胜，介虫败谷，戎兵乃来。行春令，则其国乃旱，阳气复还，五谷无实。行夏令，则国多火灾，寒热不节，民多疟疾。

仲秋之月，日在角，昏牵牛中，旦觜觿中。其日庚辛，其帝少皞，其神蓐收，其虫毛，其音商，律中南吕，其数九，其味辛，其臭腥，其祀门，祭先肝。盲风至，鸿鴈来，玄鸟归，群鸟养羞。天子居总章大庙，乘戎路，驾白骆，载白旗，衣白衣，服白玉，食麻与犬，其器廉以深。

是月也，养衰老，授几杖，行麋粥饮食。乃命司服具饬衣裳，文绣有恒，制有小大，度有长短，衣服有量，必循其故，冠带有常。乃命有司申严百刑，斩杀必当，毋或枉桡。枉桡不当，反受其殃。

是月也，乃命宰祝循行牺牲。视全具，案刍豢，瞻肥瘠，察物色，必比类，量小大，视长短，皆中度。五者备当，上帝其飨。天子乃难，以达秋气。以犬尝麻，先荐寝庙。

是月也，可以筑城郭，建都邑，穿窦窖，修囷仓。乃命有司趣民收敛，务畜菜，多积聚。乃劝种麦，毋或失时，其有失时，行罪无疑。

是月也，日夜分，雷始收声，蛰虫坏户，杀气浸盛，阳气日衰，水始涸。日夜分，则同度量、平权衡、正钧石、角斗甬。

是月也，易关市，来商旅，纳货贿，以便民事。四方来集，远乡皆至，则财不匮，上无乏用，百事乃遂。凡举大事，毋逆大数，必顺其时，慎因其类。仲秋行春令，则秋雨不降，草木生荣，国乃有恐。行夏令，则其国乃旱，蛰虫不藏，五谷复生。行冬令，则风灾数起，收雷先行，草木蚤死。

季秋之月，日在房，昏虚中，旦柳中。其日庚辛，其帝少皞，其神蓐收，其虫毛，其音商，律中无射，其数九，其味辛，其臭腥，其祀门，祭先肝。鸿鴈来宾，爵入大水为蛤，鞠有黄华，豺乃祭兽戮禽。天子居总章右个，乘戎路，驾白骆，载白旗，衣白衣，服白玉，食麻与犬，其器廉以深。

是月也，申严号令。命百官贵贱无不务内，以会天地之藏，无有宣出。乃命冢宰，事备收，举五谷之要，藏帝借之收于神仓，只敬必饬。

是月也，霜始降，则百工休。乃命有司曰:“寒气总至，民力不堪，其皆入室。”上丁，命乐正，入学习吹。

是月也，大飨帝，尝牺牲，告备于天子。合诸侯，制百县，来岁受朔日，与诸侯所税于民，轻重之法，贡职之数，以远近土地所宜为度。以给郊庙之事，无有所私。

是月也，天子乃教于田猎，以习五戎，班马政。命仆及七驺咸驾，载旌旐，授车以级，整设于屏外。司徒搢扑，北面誓之，天子乃厉饰，执弓挟矢以猎，命主祠祭禽于四方。

是月也，草木黄落，乃伐薪为炭。蛰虫咸俯在内，皆墐其户。乃趣狱刑，毋留有罪，收禄秩之不当、供养之不宜者。

是月也，天子乃以犬尝稻，先荐寝庙。季秋行夏令，则其国大水，冬藏殃败，民多鼽嚏。行冬令，则国多盗贼，边竟不宁，土地分裂。行春令，则暖风来至，民气解惰，师兴不居。

孟冬之月，日在尾，昏危中，旦七星中。其日壬癸，其帝颛顼，其神玄冥，其虫介，其音羽，律中应钟，其数六，其味咸，其臭朽，其祀行，祭先肾。水始冰，地始冻，雉入大水为蜃，虹藏不见。天子居玄堂左个，乘玄路，驾铁骊，载玄旗，衣黑衣，服玄玉，食黍与彘，其器闳以奄。

是月也，以立冬。先立冬三日，太史谒之天子曰："某日立冬，盛德在水。"天子乃齐。立冬之日，天子亲帅三公、九卿、大夫以迎冬于北郊。还反，赏死事，恤孤寡。

是月也，命大史衅龟筴占兆，审卦吉凶，是察阿党，则罪无有掩蔽。

是月也，天子始裘。命有司曰："天气上腾，地气下降。天地不通，闭塞而成冬。"命百官谨盖藏，命司徒循行积聚，无有不敛。坏城郭，戒门闾，修键闭，慎管钥，固封疆，备边竟，完要塞，谨关梁，塞徯径。饬丧纪，辨衣裳，审棺椁之薄厚，茔丘垄之大小，高卑厚薄之度，贵贱之等级。

是月也，命工师效功，陈祭器，按度程，毋或作为淫巧，以荡上心。必功致为上，物勒工名，以考其诚。功有不当，必行其罪，以穷其情。

是月也，大饮烝。天子乃祈来年于天宗，大割祠于公社。及门闾，腊先祖五祀，劳农以休息之。天子乃命将帅讲武，习射御，角力。

是月也，乃命水虞渔师收水泉池泽之赋，毋或敢侵削众庶兆民，以为天子取怨于下。其有若此者，行罪无赦。孟冬行春令，则冻闭不密，地气上泄，民多流亡。行夏令，则国多暴风，方冬不寒，蛰虫复出。行秋令，则雪霜不时，小兵时起，土地侵削。

仲冬之月，日在斗，昏东壁中，轸旦中。其日壬癸，其帝颛顼，其神玄冥，其虫介，其音羽，律中黄钟，其数六，其味咸，其臭朽，其祀行，祭先肾。冰益壮，地始坼，鹖旦不鸣，虎始交。天子居玄堂大庙，乘玄路，驾铁骊，载玄旗，衣黑衣，服玄玉，食黍与彘，其器闳以奄。饬死事，命有司曰："土事毋作，慎毋发盖，毋发室屋，及起大众，以固而闭。"地气沮泄，是谓发天地之房，诸蛰则死，民必疾疫，又随以丧，命之曰畅月。

是月也，命奄尹，申宫令，审门闾，谨房室，必重闭，省妇事，毋得淫。虽有贵戚近习，毋有不禁。乃命大酋，秫稻必齐，曲蘖必时，湛炽必絜，水泉必香，陶器必良，火齐必得。兼用六物，大酋监之，毋有差贷。天子命有司祈祀四海、大川、名源、渊泽、井泉。

是月也，农有不收藏积聚者，马牛畜兽有放佚者，取之不诘。山林薮泽，有能取蔬食田猎禽兽者，野虞教道之。其有相侵夺者，罪之不赦。

是月也，日短至，阴阳争，诸生荡。君子齐戒，处必掩身，身欲宁，去声色，禁耆欲，安形性，事欲静，以待阴阳之所定。芸始生，荔挺出，蚯蚓结，麋角解，水泉动。日短至，则伐木取竹箭。

是月也，可以罢官之无事，去器之无用者。涂阙廷门闾，筑囹圄，此以助天地之闭藏也。仲冬行夏令，则其国乃旱，氛雾冥冥，雷乃发声。行秋令，则天时雨汁，瓜瓠不成，国有大兵。行春令，则蝗虫为败，水泉咸竭，民多疥疠。

季冬之月，日在婺女，昏娄中，旦氐中。其日壬癸，其帝颛顼，其神玄冥，其虫介，其音羽，律中大吕，其数六，其味咸，其臭朽，其祀行，祭先肾。雁北乡，鹊始巢，雉雊，鸡乳。天子居玄堂右个，乘玄路，驾铁骊，载玄旗，衣黑衣，服玄玉，食黍与彘，其器闳以奄。命有司，大难旁磔，出土牛，以送寒气。征鸟厉疾，乃毕山川之祀，及帝之大臣，天之神只。

是月也，命渔师始渔，天子亲往，乃尝鱼，先荐寝庙。冰方盛，水泽腹坚，命取冰，冰以入。令告民出五种，命农计耦耕事，修耒耜，具田器。命乐师大合吹而罢。乃命四监，收秩薪柴，以共郊庙，及百祀之薪燎。

是月也，日穷于次，月穷于纪，星回于天，数将几终，岁且更始，专而农民，毋有所使。天子乃与公卿大夫，共饬国典，论时令，以待来岁之宜。乃命太史，次诸侯之列，赋之牺牲，以共皇天上帝社稷之飨。乃命同姓之邦，共寝庙之刍豢。命宰历卿大夫，至于庶民，土田之数，而赋牺牲，以共山林名川之祀。凡在天下九州岛之民者，无不咸献其力，以共皇天上帝、社稷寝庙、山林名川之祀。

季冬行秋令，则白露蚤降，介虫为妖，四鄙入保。行春令，则胎夭多伤，国多固疾，命之曰逆。行夏令，则水潦败国，时雪不降，冰冻消释。

简释：

《礼记》是对儒家之礼的解释文献，由汉儒辑成。

《曲礼上篇》说欲不可纵、志不可满、乐不可极，体现了儒家的中庸精神。

《檀弓上篇》说居丧时本来不宜饮酒食肉，但若身体不佳或生病了，当然就该吃。不仅补充营养，还调剂心情。

《礼运篇》说饮食男女是人之大欲，这欲望要如何安顿呢？依礼而行就好！又说人为天地之心，故行为须应和天道，与《春秋繁露》相呼应。

此外，“四体即正”一段，与《大学》修身、齐家、治国、平天下亦相呼应。一般人总以为儒家讲修身只重道德意义，殊不知修身不只是修心，也要修身体，是要令人“四体既正，肤革充盈”的。治国平天下之大事，实亦不过养生送死无憾而已。

《内则篇》是讲居家法则的。此处所选两段文献，一说古代养老制度及孝子对父母的安养，一说饮食烹馔该如何调剂。这一段可视为古代食谱。不过因古今烹馔之法颇有改变，如雁、麋、鹿、鹑、狸、狗、狼、狐，现在都不常能吃到，用酱也少，故此食谱已不实用，然其原则却是不变的，重在调理搭配以求和。中国人养生，特重饮食，饮食则以中和为贵，此文仍可见典型。

《月令》也一样。讲天子行事，每个月都该依着节气阴阳来：什么该做，什么不该做，如何做。前已介绍过董仲舒等人讲“天人一如”之理，那主要是理论上的说明，这就是实际的操作了。

由于本文系针对天子治国而说，虽云治身如治国，其理适用于任何人，不过在操作层面，天子与庶民所该做的事毕竟还有些不同，因而后来崔实又作《四民月令》，具体说明士农工商该如何做。医家也有《本草月令》一类书，教人如何四季调摄，影响遍及社会各个领域。目前，诸位已不必再依本篇行事，市面上每年都会推出新的农民历，上面详细记载着每月甚或每日的宜忌，指导你如何生活。此类黄历，虽掺杂了不少后世阴阳家方士堪舆者之言，但大框架正是本篇的延续，故此处选录其文，以见渊源。

大戴礼记

文王官人

诚在其中,此见于外。以其见,占其隐;以其细,占其大;以其声,处其气。

初气主物，物生有声，声有刚有柔，有浊有清，有好有恶，咸发于声也。

心气华诞者，其声流散；心气顺信者，其声顺节；心气鄙戾者，其声斯丑；心气宽柔者，其声温好。

信气中易，义气时舒，智气简备，勇气壮直。

听其声，处其气，考其所为，观其所由，察其所安。以其前，占其后；以其见，占其隐；以其小，占其大。此之谓视中也。

曾子天圆

天道曰圆，地道曰方，方曰幽而圆曰明；明者吐气者也，是故外景；幽者含气者也，是故内景，故火日外景，而金水内景，吐气者施而含气者化，是以阳施而阴化也。阳之精气曰神，阴之精气曰灵；神灵者，品物之本也，而礼乐仁义之祖也，而善否治乱所由兴作也。

本命

阴穷反阳，阳穷反阴。辰故阴以阳化；阳以阴变。故男以八月而生齿，八岁而龀，一阴一阳然后成道；二八十六，然后情通，然后其施行，女七月生齿，七岁而龀；二七十四然后化成。合于三也，小节也。中古男三十而娶，女二十而嫁，合于五也，中节也。太古男五十而室，女三十而嫁，备于三五，合于八十也。八者维纲也，天地以发明，故圣人以合阴阳之数也。

易本命

子曰："夫易之生，人、禽、兽、万物昆虫各有以生。或奇或偶，或飞或行，而莫知其情；惟达道德者，能原本之矣。"

天一，地二，人三；三三而九，九九八十一；一主日，日数十，故人十月而生。

八九七十二，偶以承奇，奇主辰，辰主月，月主马，故马十二月而生。

七九六十三，三主斗，斗主狗，故狗三月而生。

六九五十四,四主时，时主豕，故豕四月而生。

五九四十五,五主音，音主猿，故猿五月而生。

四九三十六,六主律，律主禽鹿，故禽鹿六月而生也。

三九二十七,七主星，星主虎，故虎七月而生。

二九十八,八主风，风主虫，故虫八日化也。

其余各以其类。

简释：

《大戴礼记》性质与《礼记》一样，都是对礼的解说，辑者戴圣。为了与《礼记》区别，故称《大戴礼》。

《文王官人篇》讲闻声知人，与孟子说知言养气相似。声是与心气相连的，譬如我们自己想想就知道：凡要说别人的闲话、坏话时，自己必已先低声、掩口、神情猥琐了起来；凡自觉行得正、坐得稳、理直气壮时，神气则必定中正畅朗。因此，由声就可以观人。知此理，更可以自养，所以这也是养气之法。

《曾子天圆篇》以天地阴阳之气论礼乐治乱，理论与董仲舒相似，此处摘录之。又，本文提及“内景”“外景”的讲法，与后世道教《黄庭经》等修行法有关，故存之以备文献。

《本命篇》论男女婚配交接，可与《春秋繁露·循天之道》比观。

《易本命篇》比较特别。它是推源于《易经》以讲命数的。本来《春秋繁露》也有一篇《天地阴阳》讲“天、地、阴、阳、木、火、土、金、水、九，与人而十者，天之数毕也”；另外它也谈“人副天数”。但它对数并未细说，本篇依据《易经》来讲，主要是说生之数，对死之数、寿之数仍未详说。但以数论寿、养寿之法，由此已开端倪。后世愈讲愈深，尤其到宋朝以后，邵雍等人推阐易数，贡献良多，对养生之道也大有启发。

《易经》论数是极为复杂的，我过去写过《儒家的星命政治学》，讲如何以易数推国祚，此处对于如何以易数养生，也不妨简略说说。请先看几个图。

图1 后天八卦方位图

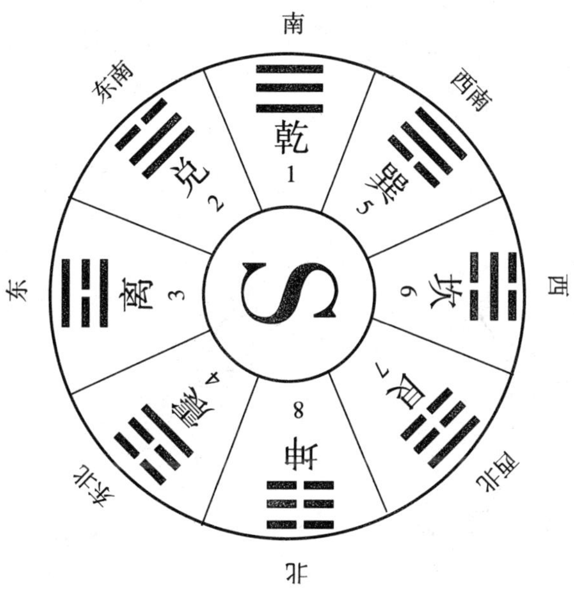

图2 先天八卦方位图

表1 八卦配属简表

卦面	歌诀	卦数	自然	基本功能属性	五行	人体	家庭关系
☰	干三连	1	天	健	金	大肠、首	父
☱	兑上缺	2	泽	悦	金	肺、口	少女
☲	离中虚	3	火	丽	火	心、目	中女
☳	震仰盂	4	雷	动	木	肝、足	长男
☴	巽下断	5	风	入	木	胆、股	长女
☵	坎中满	6	水	陷	水	肾、耳	中男
☶	艮覆碗	7	山	止	土	胃、手	少男
☷	坤六断	8	地	顺	土	脾、腹	母

表2 五行归类简表

自然界						五行	人体				
五味	五色	五化	五气	五时	五方		五脏	五腑	五体	五官	五华
酸	青	生	风	春	东	木	肝	胆	筋	目	爪
苦	赤	长	热	夏	南	火	心	小肠	脉	舌	面
甘	黄	化	湿	长夏	中	土	脾	胃	肉	口	唇
辛	白	收	燥	秋	西	金	肺	大肠	皮	鼻	毛
咸	黑	藏	寒	冬	北	水	肾	膀胱	骨	耳	发

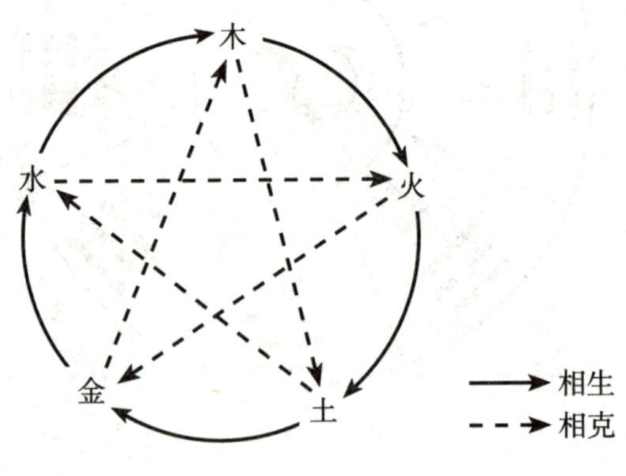

图3 五行生克图

表3　八卦象数归类表

卦名	干	兑	离	震	巽	坎	艮	坤
卦面	☰	☱	☲	☳	☴	☵	☶	☷
卦序	1	2	3	4	5	6	7	8
自然	天	泽	火	雷	风	水	山	地
属性	健	悦	附	动	人	陷	止	顺
五行	金	金	火	木	木	水	土	土
人体	首、头骨、胸部、右足、大肠。	右肩臂、口、肺、牙齿、口角、咽喉、肛门、气管、痰涎、右肋。	眼、心脏、乳房、小肠、三焦、心包、血球。	足、肝脏、筋爪、左肋、左肩臂。	胆、股、肱、左肩背、气管、胸部。	肾脏、膀胱、背脊、耳、腰、骨、血等体内液体、肛门等下窍。	鼻、背、肩、腰、手、指关节骨、男性生殖器官、足背、乳房、左足、颧骨。	脾、胃、腹部、肌肉、肥厚、右肩。
疾病	大肠疾病，脊椎疾病，右腿病，头部疾病，骨病。	口腔疾病（口、齿、舌、咽喉等），咳嗽，痰喘，外伤，气虚，尿道口、肛门疾病，血压低，气管病，头部伤。	眼病，火伤，烫伤，心脏疾病，血液病，乳房疾病。	肝病，筋、爪病，妇科疾病，足病，胁、肋。痛外伤，贫血，声带突发病状。	肝胆病，股、肱，左肩背病，伤风感冒，受风，胫骨病，喘息，哮喘，血管病，胸部疾病。	肾、膀胱，尿道方面疾病，血液病，耳病，肾冷水泄，出血症，腰背疾病。	脾、胃之病，鼻、手、腰、肩、脚背之病，关节病，血液循环不良；各种痘疹，肿症，凸起的炎症，肿瘤结石症。	腹部疾病（消化、腹病、肠胃），肌肤病（ 疮 ），皮肤病（湿疹），劳累疲乏，中气虚寒湿症。

图1是《易经》的卦位和卦序，图2是宋朝邵雍创造的所谓先天八卦卦序和卦位，邵雍宣称这是伏羲画卦时所定，故把它称为先天八卦，《易经》原先的卦位倒因此便变成了所谓的后天八卦。由于宋代象数学发展畅旺，致使后世论易数、算命理、谈寿夭者都使用先天八卦，所以可视为易学之新发展。底下介绍的易数医学也是采用了先天八卦。

表1是八卦与人体、五行、人伦、自然等的基本配属状况。表2是五行与自然和人体配属状况。图3是五行生克。表3是八卦象数归类表。

你把这几个表记熟，就很好运用了。例如心血不足，心慌心悸，就可默念430。4是震木，主肝，肝藏血，震木生离火，火是3，0则在《易经》中本来没有，加上0是强化的意思。

同理，肺功能不好，呼吸无力，言语声低，身倦无力，就可诵念820。8为坤卦，主脾，属土。2是兑卦，属金。820就是脾土生肺金。凡此之类，均属于母生子的方法，以能生之卦来帮助虚弱的本卦。

另一种方法是强固本卦的，如肺气出入不畅、咳嗽、气喘、胸闷、气胀，可念2000，再念80。2即是兑金，肺，加三个0以强化之。8是坤土，脾气，予以佐助。

念时，除了心中默念，还可结合声音，发声念出来。儒家是强调声教乐教的，《文王官人篇》本身就讲闻声知人，荀子更说："凡奸声感人而逆气应之，逆气成象而乱生焉；正声感人而顺气应之，顺气成象而治生焉。唱和有应，善恶相象，故君子慎其所去就也。"不同的声音在人体内部会产生不同的感应、不同的作用。以声治病的原理也在于此。

近代讲音疗、声波疗法、诵钵医学者，多由印度、佛教密宗去找灵感、觅资源，而不知儒家，实在是太可惜了。

所谓八卦象数疗法，原理大抵如此，临床经验多了，自能娴熟运用，诸位不妨备用试试。如欲深入，可参考李山玉《八卦象数疗法》一类书。

法 言

问神

或问“神”。曰：“心。”

君子

或问：“龙、龟、鸿、鹄不亦寿乎？”曰：“寿。”曰：“人可寿乎？”曰：“物以其性，人以其仁。”

或问：“人言仙者，有诸乎？”“吁，吾闻虙羲、神农殁，黄帝、尧、舜殂落而死，文王，毕；孔子，鲁城之北。独子爱其死乎？非人之所及也。仙亦无益子之汇矣！”或曰：“圣人不师仙，厥术异也。圣人之于天下，耻一物之不知；仙人之于天下，耻一日之不生。”曰：“生乎！生乎！名生而实死也。”

简释：

《法言》是西汉末年扬雄所作，整本书的体例有点像《论语》。

《问神篇》问的神不是神祇之神，而是精神之神。儒家谈养生，重在养神，而神是什么？就是心。

《君子篇》讲仁者寿，直接呼应《论语》。另外，他也批评求仙说，认为人都是会死的，求仙乃妄想，圣人也不会求仙。

孔子家语

本命解

鲁哀公问于孔子曰：“人之命与性何谓也？”孔子对曰：“分于

道，谓之命；形于一，谓之性；化于阴阳，象形而发，谓之生；化穷数尽，谓之死。故命者，性之始也；死者，生之终也。有始则必有终矣。人始生而有不具者五焉，目无见，不能食，行，不能言，不能化。及生三月而微煦，然后有见；八月生齿，然后能食；三年顋合，然后能言；十有六而精通，然后能化。阴穷反阳，故阴以阳变；阳穷反阴，故阳以阴化。是以男子八月生齿，八岁而龀。女子七月生齿，七岁而龀，十有四而化。一阳一阴，奇偶相配，然后道合化成。性命之端，形于此也。”公曰：“男子十六精通，女子十四而化，是则可以生民矣。而礼、男必三十而有室，女必二十而有夫也。岂不晚哉？”孔子曰：“夫礼言其极不是过也。男子二十而冠，有为人父之端；女子十五许嫁，有适人之道。于此而往，则自婚矣。群生闭藏乎阴，而为化育之始。故圣人因时以合耦。男子穷天数也。霜降而妇功成，嫁娵者行焉。冰泮而农桑起，婚礼而杀于此。”

简释：

《孔子家语》是魏王肃集编的孔子言行录。

《本命解》记载了鲁哀公和孔子的问答，重点一是说人有生必有死，与扬雄反对求仙相似。

二，生命有阶段性，男子八月生齿，十六精通；女子七月生齿，十四行血。所以男子二十、女子十五，父兄就该为他们办婚事了。过了这个年纪，他们也该自行想法子婚配，勿超过男子三十、女子二十。这叫婚偶及时。儒家是非常非常强调这一点的，认为社会上旷男怨女多了，必成乱源。汉代《诗经》学，第一大重点即是讲这个。

朱子语类

卷十二

“明道教人静坐，李先生亦教人静坐。盖精神不定，则道理无凑泊处。”又云：“须是静坐，方能收敛。”

静坐无闲杂思虑，则养得来便条畅。

或问：“疲倦时静坐少顷，可否？”曰：“也不必要似禅和子样去坐禅方为静坐。但只令放教意思好，便了。”

始学工夫，须是静坐。静坐则本原定，虽不免逐物，及收归来，也有个安顿处。譬如人居家熟了，便是出外，到家便安。如茫茫在外，不曾下工夫，便要收敛向里面，也无个着落处。

或问：“不拘静坐与应事，皆要专一否？”曰：“静坐非是要如坐禅入定，断绝思虑。只收敛此心，莫令走作闲思虑，则此心湛然无事，自然专一。及其有事，则随事而应；事已，则复湛然矣。不要因一事而惹出三件两件。如此，则杂然无头项，何以得他专一！只观文王“雝雝在宫，肃肃在庙，不显亦临，无射亦保”，便可见敬只是如此。古人自少小时便做了这工夫，故方其洒扫时加帚之礼，至于学诗，学乐舞，学弦诵，皆要专一。且如学射时，心若不在，何以能中。学御时，心若不在，何以使得他马。书、数皆然。今既自小不曾做得，不奈何，须着从今做去方得。若不做这工夫，却要读书看义理，恰似要立屋无基地，且无安顿屋柱处。今且说那营营底心会与道理相入否？会与圣贤之心相契否？今求此心，正为要立个基址，得此心光明，有个存主处，然后为学，便有归着不错。若心杂然昏乱，自无头当，却学从那头去？又何处是收功处？故程先生须令就“敬”字上做工夫，正为此也。”

人也有静坐无思念底时节，也有思量道理底时节，岂可划为两涂，说静坐时与读书时工夫迥然不同！当静坐涵养时，正要体察思绎道理，只此便是涵养，不是说唤醒提撕，将道理去却那邪思妄念。只自家思量道理时，自然邪念不作。“言忠信，行笃敬”，“立则见其参于前，在舆则见其倚于衡”，只是常常见这忠信笃敬在眼前，自然邪妄无自而入，非是要存这忠信笃敬，去除那不忠不敬底心。今人之病，正在于静坐读书时二者工夫不一，所以差。

一之问：“存养多用静否？”曰：“不必然。孔子却都就用处教人做工夫。今虽说主静，然亦非弃事物以求静。既为人，自然用事君亲、交朋友、抚妻子、御僮仆。不成捐弃了，只闭门静坐，事物之来，且曰：“候我存养！”又不可只茫茫随他事物中走。二者须有个思量倒断始得。”顷之，复曰：“动时，静便在这里。动时也有静，顺理而应，则虽动亦静也。故曰：“知止，而后有定；定，而后能静。”事物之来，若不顺理而应，则虽块然不交于物以求静，心亦不能得静。惟动时能顺理，则无事时能静；静时能存，则动时得力。须是动时也做工夫，静时也做工夫，两者相靠，使工夫无间断，始得。若无间断，静时固静，动时心亦不动，动亦静也。若无工夫，则动时固动，静时虽欲求静，亦不可得而静，静亦动也。动、静，如船之在水，潮至则动，潮退则止；有事则动，无事则静。

心于未遇事时须是静，及至临事方用，重道此二字。便有气力。如当静时不静，思虑散乱，及至临事，已先倦了。伊川解“静专”处云：“不专一则不能直遂。”闲时须是收敛定，做得事便有精神。

静为主，动为客。静如家舍，动如道路。不翕，则不能直遂。

静中动，起念时。动中静，是物各付物。

人身只有个动、静。静者，养动之根；动者，所以行其静。动中有静，如“发而皆中节”处，便是动中之静。

问：“动、静两字，人日间静时煞少，动时常多。”曰：“若圣人动时亦未尝不静，至众人动时却是胶扰乱了。如今人欲为一事，未尝能专此一事，处之从容不乱。其思虑之发，既欲为此，又欲为彼，此是动时却无那静也。”

“为人君，止于仁；为人臣，止于敬。”止于仁敬者，静也；要止于仁与敬者，便是动。只管是一动一静，循环无端，所以谓“动极复静，静极复动”。如人嘘吸：若嘘而不吸，则须绝；吸而不嘘，亦必壅滞着不得。嘘者，所以为吸之基。“尺蠖之屈，以求信也；龙蛇之蛰，以存身也；精义入神，以致用也；利用安身，以崇德也。”大凡这个都是一屈一信，一消一息，一往一来，一阖一辟。大底有大底阖辟消息，小底有小底阖辟消息，皆只是这道理。

被异端说虚静了后，直使今学者忙得更不敢睡！

问：“心存时也有邪处。”曰：“如何？”泳曰：“有人心、道心。如佛氏所谓“作用是性”，也常常心存。”曰：“人心是个无拣择底心，道心是个有拣择底心。佛氏也不可谓之邪，只是个无拣择底心。到心存时，已无大段不是处了。”

卷三十二，解论语

“仁者寿”，是有寿之理，不可以颜子来插看。

问：“伊川曰：‘乐，喜好也。知者乐于运动，若水之流通；仁者乐于安静，如山之定止。知者得其乐，仁者安其常也。’‘乐喜’、‘乐于’，恐皆去声。又曰：‘“知者乐”，凡运用处皆乐；“仁者寿”，以静而寿。’又曰：‘乐山乐水，气类相合。’范氏曰：‘知者运而不息，故乐水；仁者安于山，故乐山。动则能和，故乐；动则自乐，恐不必将“和”作“乐”字。静则能久，故寿。非深于仁知者，不能形容其德。’……”

卷三十七，解论语乡党篇，第八节饮食之制

一言一语，一动一作，一坐一立，一饮一食，都有是非。是底便是天理，非底便是人欲。如孔子“失饪不食，不时不食，割不正不食，不多食”，无非天理。如口腹之人，不时也食，不正也食，失饪也食，便都是人欲，便都是逆天理。如只吃得许多物事，如不当吃，才去贪吃不住，都是逆天理。看道理只管进，只管细，便好。

只管见上面，只管有一重，方好。如一物相似，剥一重，又剥一重；又有一重，又剥一重；剥到四五重，剥得许多皮壳都尽，方见真实底。今人不是不理会道理，只是不肯子细，只守着自底便了，是是非非，一向都没分别。如诐淫邪遁之辞，也不消得辨；便说道是他自陷，自蔽，自如此，且恁地和同过，也不妨。

问："'割不正不食'，与'席不正不坐'，此是圣人之心纯正，故日用间才有不正处，便与心不相合，心亦不安。"曰："圣人之心，无毫厘之差。谓如事当恁地做时，便硬要恁地做。且如'不得其酱不食'，这一物合用酱而不得其酱，圣人宁可不吃，盖皆欲得其当然之则故也。"

"肉虽多，不使胜食气。"非特肉也，凡蔬果之类，皆不可胜食气。

卷五十三，解孟子

先生问周看"公孙丑不动心"章。答云云。先生曰："公孙丑初间谓任此重事，还动心不动心？孟子答以不动心极容易底事，我从四十已不动了。告子又先我不动心。公孙丑又问不动心有道理，无道理，孟子又告以有。于是又举北宫黝孟施舍之勇也是不动。然彼之所以不动者，皆强制于外，不是存养之功。故又举曾子之言云，自反缩与不缩。所以不动只在方寸之间。若仰不愧，俯不怍，看如何大利害，皆不足以易之。若有一毫不直，则此心便索然。公孙丑又问孟子所以不动者如何，孟子遂答以"我知言，我善养吾浩然之气"。若依序问，当先问知言。公孙丑只承孟子之言，便且问浩然之气。"

孟施舍北宫黝是不畏死而不动心，告子是不认义理而不动心。告子惟恐动着他心。

"不得于言，勿求于心"，此正孟子告子不动心之差别处。当看上文云："敢问夫子之不动心，与告子之不动心。"孟子却如此答，便见得告子只是硬做去，更不问言之是非，便错说了，也不省。如与孟子论性，说“性犹杞柳也”，既而转“性犹湍水也”。他只不问是非，信口说出，定要硬把得心定。“不得于言”，谓言之失也；“勿求于心”，谓言之失非干心事也。此其学所以与孟子异。故孟子章末云：“我故曰：“告子未尝知义，以其外之也。”

问：“血气之气与浩然之气不同？”曰：“气便只是这个气，所谓‘体之充也’便是。”

或问“志至焉，气次焉”，此是说养气次第。志是第一件，气是第二件。又云“持其志，无暴其气”，此是言养气工夫，内外须是交尽，不可靠自己自守其志，便谓无事。气才不得其平，志亦不得其安，故孟子以蹶趋形容之。告子所谓“不得于心，勿求于气”，虽是未为全论，程子所以言“气动志者什一”，正谓是尔。曰：“然。两者相夹着，方始‘德不孤’。”

“持其志，无暴其气”，内外交相养。盖既要持志，又须无暴其气。持志养气二者，工夫不可偏废。以“气一则动志，志一则动气”观之，则见交相为养之理矣。

问：“‘持其志，无暴其气’处，古人在车闻鸾和，行则鸣佩玉，凡此皆所以无暴其气。今人既无此，不知如何而为无暴？”曰：“凡人多动作，多语笑，做力所不及底事，皆是暴其气。且如只行得五十里，却硬要行百里；只举得五十斤重，却硬要举百斤，凡此类皆能动其气。今学者要须事事节约，莫教过当，此便是养气之道也。”

先生问：“公每读‘无暴其气’，如何？”郑云：“只是喜怒哀乐之时，持之不使暴戾。”曰：“此乃是‘持其志’。志者，心之所向。持志却是养心，也不是持志之外别有个养心。持者，把提教定。当喜时，也须喜；当怒时，也须怒；当哀时，也须哀；当乐时，也须乐。审教定后，发必中节，这是持志。若无暴其气，又是下面一截事。若不当喜而喜，与喜之过分，不当怒而怒，与怒之过分，不当哀乐而哀乐，与哀乐之过其节者，皆是暴其气。暴其气者，乃大段粗也。”

或问：“人之气有清明时，有昏塞时，如何？”曰：“人当持其志。能持其志，则气当自清矣。然孟子既说‘持其志’，又说‘无暴其气’，圣贤之言不偏于一类，如此。盖恐人专于志，而略于气故也。正如说‘必有事焉’，又说‘勿正心’；说‘勿忘’，又说‘勿助长’，皆此意也。”问：“伊川论持其志曰：‘只这个也是私，然学者不恁地不得。’”先生曰：“此亦似涉于人为。然程子之意，恐人走作，故又救之，曰：‘学者不恁地不得。’”因举程子云：“学者为习所夺，气所胜，只可责志。”又问：“既得后，须放开。不然，却只是守。”曰：“如‘从心所欲，不踰矩’，是也。然此理既熟，自是放出，但未能得如此耳。”

“蹶者、趋者是气也，而反动其心。”今人奔走而来，偶吃一跌，其气必逆而心不定，是气之能动其心。如人于忙急之中，理会甚事，亦是气未定也。

知言，知理也。

知言，然后能养气。

孟子论浩然之气一段，紧要全在“知言”上。所以大学许多工夫，全在格物、致知。

知言养气，虽是两事，其实相关，正如致知、格物、正心、诚意之类。若知言，便见得是非邪正。义理昭然，则浩然之气自生。

问：“养气要做工夫，知言似无工夫得做？”曰：“岂不做工夫！知言便是穷理。不先穷理见得是非，如何养得气。须是道理一一审处得是，其气方充大。”

知言，则有以明夫道义，而于天下之事无所疑；养气，则有以配夫道义，而于天下之事无所惧。

胡氏云：“格物，则能知言；诚意，则能养气。”

问：“知言在养气之先，如何？”曰：“知是知得此理。告子便不理会，故以义为外。如云‘不得于言，勿求于心’，虽言亦谓是在外事，更不管着，只强制其心。”问：“向看此段，以告子‘不得于言’，是偶然失言，非谓他人言也。”曰：“某向来亦如此说，然与知言之义不同。此是告子闻他人之言，不得其义理，又如读古人之书，有不得其言之义，皆以为无害事，但心不动足矣。不知言，便不知义，所以外义也。如诐、淫、邪、遁，亦只是他人言，故曰'生于其心'；'其'字，便是谓他人也。"

浩然之气，义理之所发也。

浩然之气，清明不足以言之。才说浩然，便有个广大刚果意思，如长江大河，浩浩而来也。富贵、贫贱、威武不能移屈之类，皆低，不可以语此。公孙丑本意，只是设问孟子能担当得此样大事否，故孟子所答，只说许多刚勇，故说出浩然之气。只就问答本文看之，便见得仔细。

气，只是一个气，但从义理中出来者，即浩然之气；从血肉身中出来者，为血气之气耳。

文振说浩然之气。曰："不须多言，这只是个有气魄、无气魄而已。人若有气魄，方做得事成，于世间祸福得丧利害方敌得去，不被他恐动。若无气魄，便做人衰飒慑怯，于世间祸福利害易得恐动。只是如此。他本只是答公孙丑'不动心'，缠来缠去，说出许多'养气'、'知言'、'集义'，其实只是个'不动心'。人若能不动心，何事不可为？然其所谓'不动心'，不在他求，只在自家知言集义，则此气自然发生于中。不是只行一两事合义，便谓可以掩袭于外而得之也。孔子曰：'不得中行而与之，必也狂狷乎！'看来这道理，须是刚硬，立得脚住，方能有所成。只观孔子晚年方得个曾子，曾子得子思，子思得孟子，此诸圣贤都是如此刚果决烈，方能传得这个道理。若慈善柔弱底，终不济事。如曾子之为人，语孟中诸语可见。子思亦是如此。如云：'摽使者出诸大门之外。'又云：'以德，则子事我者也，奚可以与我友！'孟子亦是如此，所以皆做得成。学圣人之道者，须是有胆志。其决烈勇猛，于世间祸福利害得丧不足以动其心，方能立得脚住。若不如此，都靠不得。况当世衰道微之时，尤用硬着脊梁，无所屈挠方得。然其工夫只在自反常直，仰不愧天，俯不怍人，则自然如此，不在他求也。"又曰："如今人多将颜子做个柔善底人看。殊不知颜子乃是大勇，反是他刚果得来细密，不发露。如个有大气力底人，都不使出，只是无人抵得他。孟子则攘臂扼腕，尽发于外。论其气象，则孟子粗似颜子，颜子较小如孔子。孔子则浑然无迹，颜子微有迹，孟子，其迹尽见。然学者则须自粗以入细，须见刚硬有所卓立，然后渐渐加工，如颜子、圣人也。”

问：“浩然之气，即是人所受于天地之正气否？”曰：“然。”又问：“与血气如何？”曰：“只是一气。义理附于其中，则为浩然之气。若不由义而发，则只是血气。然人所禀气亦自不同：有禀得盛者，则为人强壮，随分亦有立作，使之做事，亦随分做得出。若禀得弱者，则委靡巽懦，都不解有所立作。唯是养成浩然之气，则却与天地为一，更无限量！”

“浩然之气”一章，孔子两句尽之，曰：“内省不疚，夫何惧忧何！”

问：“他书不说养气，只孟子言之，何故？”曰：“这源流便在那‘心广体胖’，‘内省不疚，夫何忧何惧’处来。大抵只是这一个气，又不是别将个甚底去养他。但集义便是养气，知言便是知得这义。人能仰不愧，俯不怍时，看这气自是浩然塞乎天地之间！”

问：“‘养气’一章，皆自大学‘诚意’一章来。”曰：“不必说自那里来，只是此一个道理，说来说去，自相凑着。”

浩然之气，须是识得分明，自会养得成。若不见得直是是，直是非，欲说不说，只恁地含含胡胡，依违鹘突，要说又怕不是，这如何得会浩然！人自从生时受天地许多气，自恁地周足。只缘少间见得没分晓，渐渐衰飒了。又不然，便是“行有不慊于心”，气便馁了。若见得道理明白，遇事打并净洁，又仰不愧，俯不怍，这气自浩然。如猪胞相似，有许多气在里面，便恁地饱满周遍；若无许多气，便厌了，只有许多筋膜。这气只论个浩然与馁，又不然，只是骄吝。有些善，只是我自会，更不肯向人说。恁地包含，这也只会馁。天地吾身之气非二。

气虽有清浊厚薄之不齐，然论其本，则未尝异也。所谓“至大至刚”者，气之本体如此。但人不能养之，而反害之，故其大者小，刚者弱耳。

“以直养而无害”，谓“自反而缩”，俯仰不愧，故能养此气也，与大学“自慊”之意不同。自慊者，“如好好色，如恶恶臭”，皆要自己慊足，非为人也。

“以直养”是“自反而缩”，“集义”是“直养”。然此工夫须积渐集义，自能生此浩然之气；不是行一二件合义底事，能博取浩然之气也。集义是岁月之功，袭取是一朝一夕之事。从而掩取，终非己有也。

“‘至大至刚’气之本体，‘以直养而无害’是用功处，‘塞乎天地’乃其效也。”问：“塞乎天地，气之体段本如此。充养到浩然处，然后全得个体段，故曰：‘塞乎天地。’如但能之，恐有误字。所谓‘推之天地之间，无往而不利’，恐不然。”曰：“至塞乎天地，便无往不可。”

问：“浩然之气如何塞乎天地？”曰：“塞乎天地之间，是天地之正气。人之血气有限，能养之，则与天地正气亦同。”又问：“塞，莫是充塞否？”曰：“是遍满之意也。”

问：“人能仰不愧，俯不怍，便有充塞天地底气象否？”曰：“然。才有不慊于心，便是馁了。”

“配义与道”，只是说气会来助道义。若轻易开口，胡使性气，却只助得客气。人才养得纯粹，便助从道义好处去。

气、义互相资。

“其为气也，配义与道，无是，馁也。”有一样人，非不知道理，但为气怯更帖衬义理不起。

“其为气也，配义与道，无是，馁也。”配，合也。义者，人心节制之用；道者，人事当然之理。馁，不饱也。气由道义而有，而道义复乘气以行，无异体也。得其所养，则气与道义初不相离，而道义之行，得以沛然无所疑惮者。若其无此，则如食之不饱，虽欲勉于道义，而亦无以行矣。气者，道义之成质，故必集义乃能生之。集义，犹言“积善”。

孟子许多论气处，只在“集义所生”一句上。

“养浩然之气”，只在“集义所生”一句上。气，不是平常之气，集义以生之者。义者，宜也。凡日用所为所行，一合于宜，今日合宜，明日合宜，集得宜多，自觉胸中慊足，无不满之意。不然，则馁矣。“非义袭而取之”，非是外取其义以养气也。“配义与道”者，大抵以坤配干，必以干为主；以妻配夫，必以夫为主。配，作随底意思。以气配道义，必竟以道义为主，而气随之，是气常随着道义。

或问：“人有生之初，理与气本俱有。后来欲动情流，既失其理，而遂丧其气。集义，则可以复其性而气自全。”曰：“人只怕人说气不是本来有底，须要说人生有此气。孟子只说‘其为气也，至大至刚，以直养而无害’，又说‘是集义所生者’，自不必添头上一截说。吕子约亦是如此数折价说不了。某直敢说，人生时无浩然之气，只是有那气质昏浊颓塌之气。这浩然之气，方是养得恁地。孟子只谓此是‘集义所生’，未须别说。若只管谓气与道义，皆是我本来有底；少间要行一步，既怕失了道义，又怕失了气。恰似两只脚并着一只，要东又牵了西，要西又牵了东，更行不得。”

问：“此气是当初禀得天地底来，便自浩然，抑是后来集义方生？”曰：“本是浩然，被人自少时坏了，今当集义方能生。”曰：“有人不因集义，合下来便恁地刚勇，如何？”曰：“此只是粗气，便是北宫黝孟施舍之勇底，亦终有馁时。此章须从头节节看来看去，首尾贯通，见得活方是，不可只略猎涉说得去便是了。”

问：“浩然之气，集义是用功夫处否？”曰：“须是先知言。知言，则义精而理明，所以能养浩然之气。知言正是格物、致知。苟不知言，则不能辨天下许多淫、邪、诐、遁。将以为仁，不知其非仁；将以为义，不知其非义，则将何以集义而生此浩然之气。气只是充乎体之气，元与天地相流通。只是仰不愧，俯不怍，自然无恐无惧，塞乎天地。今人心中才有歉愧，则此气自然消馁，作事更无勇锐。‘配义与道’者，配是相合而有助。譬如与人斗敌，又得一人在后相助，自然愈觉气胜。告子‘不得于言，勿求于心；不得于心，勿求于气’，只是一味勃然不顾义理。如此养气，则应事接物皆去不得。孟子是活底不动心，告子是死底不动心。如孟子自是沉潜积养，自反而缩，只是理会得道理是当。虽加齐卿相，是甚做不得？此章正要反复子细看：公孙丑如何问？孟子如何答？孟子才说‘志至焉，气次焉，持其志，无暴其气’，公孙丑便以志为至，以气为第二等事，故又问何故又要无暴其气？孟子方告之以不特志能动气，而气亦能动志也。气能动志，须是寻常体察。如饮酒固能动志，然苟能持其志，则亦不能动矣。”侍坐者有于此便问：“直、方、大如何？”曰：“议论一事未分明，如何隔向别处去。下梢此处未明，彼又不晓，一切泛然无入头处。读书理会义理，须是勇猛径直理会将去。正如关羽擒颜良，只知有此人，更不知有别人，直取其头而归。若使既要砍此人，又要砍那人，非惟力不给，而其所得者不可得矣。又如行路，欲往一处所，却在道边闲处留滞，则所欲到处，何缘便达。看此一章，便须反复读诵，逐句逐节互相发明。如此三二十过而曰不晓其义者，吾不信也。”

“养气”一段，紧要只在“以直养而无害”，“是集义所生”，“自反而缩”等处。又曰：“‘非义袭而取之’，其语势如‘人之有是四端，犹其有四体’，却不是说有无四体底人。言此气须是集义方生得，不是一旦向义外面袭取得那气来，教恁地浩然。”

问：“浩然之气是‘集义所生，非义袭而取之也’，如何？”曰：“此是反复说，正如所谓‘仁义礼智，非由外铄我也，我固有之也’。是积集众义所生，非是行一事偶然合义，便可掩袭于外而得之。浩然之气，我所固有者也。”

浩然，要事事合义。一事馁，便行不得。

“养气”一章在不动心，不动心在勇，勇在气，气在集义。勿忘、勿助长，又是那集义底节度。若告子，则更不理会言之得失，事之是非，气之有平不平，只是硬制压那心使不动，恰如说打硬修行一般。

简释：

《朱子语类》是朱熹的与门弟子问答的记录。宋代理学家论养生的言论太多了，我不能都录；朱子是宋代理学的集大成者，故仅选他的言论以为代表。你别以为我录他的言语特别多、特别繁，其实仅仅录他才简，他就代表了一大片。

卷十二，说程明道、李侗诸人都主张学者须静坐，朱子也赞成，与门人反复讨论静坐之要领，宜细心体会。

儒者本来虽讲虚一而静，但并不静坐，受佛教、道教修持法之刺激才开始也提倡起静坐来。

但儒家之静坐终究与佛家不同。一是朱子说的："静坐非是要如坐禅入定，断绝思虑。只收敛此心。"静坐，在儒家只是收敛心神的一种方法，重点是让人专 、不放散，与佛家教人放下、无思无虑，恰好相反。故程伊川怕大家混淆了，曾主张用"敬"代替"静"。这是佛儒分判的大关键。

二，儒家静坐正因为其重点不在静而在敬，故亦不必如佛家那样须盘腿趺坐入定之形式。若能持敬，坐不坐甚至皆不相干。

三，由于如此，故儒家之静坐并不限于静时，动时也一样可静。虽临事万变、应接庞杂，仍然一心不乱，本心湛定，才是真静。

一般学者功夫到不了这般境界，则可在动中找一稍闲之时，做些静心收摄工夫；或动了一段之后，花点时间静坐（后来阳明说"日间工夫觉纷扰，则静坐。觉懒看书，则且看书"，便是这个意思）。但静的功夫总不能不表现于动中。若静坐时很安定，一旦临事却慌乱促迫，那就不对了。

因此儒家之静坐，功夫深浅，其印证处不在静而在动。这也是儒佛之分。

许多人看见宋明儒讲静坐，就说他们是受了佛教的影响，甚或"阳儒阴释"。不知儒家之静坐，工夫本于《大学》所说："知止而后有定，定而后能静。"与佛教的禅坐乃两回事。以上几点，请读者诸君仔细参会。

儒家静坐也与道教不同。道教的方法，各派殊异，但大抵重点在于"守一"。守一存神，和儒家之持敬，路数相同，都非佛教绝虑去念之法。此为儒道相近之处。朱熹辟佛，但却注解过道教《阴符经》，可见他也认为儒道工夫大有近似之处，可以补益。

但儒道工夫毕竟有异，异在哪？道教守一，固然与儒者要精神专一相似，可是实际静坐时，道教常要把这个“一”在形体上点出来，因而或意守丹田、或守人中、或守泥丸、或守脾中黄庭、或守鼻端、或守心口、或守阳根、或守口鼻之外、或守窍，各派各有秘诀。儒家所说的一只是形容词，形容精神专一、收摄不乱，故不须具体守什么地方。而收摄静心之法，也不必持什么诀、念什么咒，方法只在“持其志，无暴其气”。

其次，道教修持，固然也有动，但动静多分开，静坐之外，别有动功，如八段锦之类（后世佛教徒练的动功，如易筋经之类，其实也就是八段锦，另详见我的《达摩易筋经论考》）；儒家是动静一如、动静无端的，故不必于静坐之外另练动功。且儒家说的动，是指人在与事情应接时的动，如孟子说“动心忍性”之动，道教说的动则偏于形体上的动。这也是两者不同的（动功的问题，还可另详见本书《养生絮语》）。

卷三十二，解《论语》仁者寿，卷三十七解《论语·乡党篇》均可帮助我们更深入了解儒家养生观。

卷五十三解《孟子》对不动心、养气、集义诸法，分辨极细，也可细细体会。朱子门人的疑问，大抵也就是一般人读《孟子》常有的疑惑。如无哲学头脑，读不明白，也可跳过去不看，将来想深入了解时再细读。

不过，朱子对《孟子》的解释有其自身义理的特点，也不可不知。例如他把知言和养气连起来看，而且认为应先知言才能养气。知言，他又认为属于格物、致知的工夫。也就是要先通过格物致知，辨明了义之所在，才能集义而生出浩然之气。集义之集，在他理解中，是积渐的工夫。犹如水库蓄水，一件件事皆合义了，便如水一点一滴集起来，最终才豁然沛然、豁然贯通，莫之能御，可以喷薄而出。

这与他对《大学》的解释是相关联的。他注解《大学》时说“所谓致知在格物者，言欲致吾之知，在即物而穷其理也。盖人心之灵莫不有知，而天下之物莫不有理，惟于理有未穷，故其知有不尽也。是以大学始教，必使学者即凡天下之物，莫不因其已知之理而益穷之，以求至乎其极。至于用力之久，而一旦豁然贯通焉，则众物之表里精粗无不到，而吾心之全体大用无不明矣”，最可以说明他认为的“集义”与“浩然”之关系。

而这一点，在儒者养气治心的理论中最见特色，与佛道均不同。

一个人，如读书多、事理明、见识高，自然底气就足，所以朱子把“知言”和“养气”合起来说。如此，则读书、穷理就成为养气的一种方法了，朱子说“浩然之气，是义理之所发”，就是这个道理。若不识理，徒然逞气，虽横决刚烈，也不是浩然之气，只是意气或戾气。读书之所以可以养心治气，厥故斯在，佛家、道家亦均说不到此！

格致余论

饮食色欲箴序

传曰：饮食男女，人之大欲存焉。予每思之，男女之欲，所关甚大；饮食之欲，于身尤切。世之沦胥陷溺于其中者，盖不少矣！苟志于道，必先于此究心焉。因作饮食、色欲二箴，以示弟侄，并告诸同志云！

（1）饮食箴

人身之贵，父母遗体。为口伤身，滔滔皆是。人有此身，饥渴时兴，乃作饮食，以遂其生。彼昧者，因纵口味，五味之过，疾病蜂起。病之生也，其机甚微，馋涎所牵，忽而不思。病之成也，饮食俱废，忧贻父母，医祷百计。山野贫贱，淡薄是谙，动作不衰，此身亦安。均气同体，我独多病，悔悟一萌，尘开镜净。日节饮食，《易》之象辞。养小失大，孟子所讥。口能致病，亦败尔德。守口如瓶，服之无咎。

（2）色欲箴

惟人之生，与天地参，坤道成女，干道成男。配为夫妇，生育攸寄，血气方刚，惟其时矣。成之以礼，接之以时，父子之亲，其要在兹。唯彼昧者，徇情纵欲，惟恐不及，济以燥毒。气阳血阴，人身之神，阴平阳秘，我体长春。血气几何？而不自惜！我之所生，翻为我贼。女之耽兮，其欲实多。闺房之肃，门庭之和。士之耽兮，其家自废，既丧厥德，此身亦瘁。远彼帷薄，放心乃收，饮食甘美，身安病瘳。

阳有余阴不足论

人受天地之气以生，天之阳气为气，地之阴气为血。故气常有余，血常不足。何以言之？天地为万物父母。天大也为阳，而运于地之外；地居天之中为阴，天之大气举之。日实也，亦属阳，而运于月之外；月缺也，属阴，禀日之光以为明者也。人身之阴气，其消长视月之盈缺。故人之生也，男子十六岁而精通，女子十四岁而经行。是有形之后，犹有待于乳哺水谷以养，阴气始成而可与阳气为配，以能成人，而为人之父母。古人必近三十、二十而后嫁娶，可见阴气之难于成，而古人之善于摄养也。《礼记》注曰："惟五十然后养阴者有以加。"《内经》曰："年至四十，阴气自半而起居衰矣。"

又曰：男子六十四岁而精绝，女子四十九岁而经断。夫以阴气之成，止供得三十年之视听言动，已先亏矣。人之情欲无涯，此难成易亏之阴气，若之何而可以供给也？！经曰：阳者天气也，主外；阴者地气也，主内。故阳道实阴道虚。又曰：至阴虚天气绝，至阳盛地气不足。观虚与盛之所在，非吾之过论。主闭藏者肾也，司疏泄者肝也。二脏皆有相火，而其系上属于心。心君火也，为物所感则易动，心动则相火亦动，动则精自走，相火翕然而起，虽不交会，亦暗流而疏泄矣。所以圣贤只是教人收心养心，其旨深矣。

天地以五行更迭衰旺而成四时，人之五脏六腑亦应之而衰旺。四月属巳，五月属午，为火大旺。火为肺金之夫，火旺则金衰。六月属未，为土大旺，土为水之夫，土旺则水衰。况肾水常借肺金为母，以补助其不足，故《内经》谆谆于资其化源也。古人于夏必独宿而淡味，兢兢业业于爱护也。保养金水二脏，正嫌火土之旺尔。《内经》曰：冬不藏精者，春必病温。十月属亥，十一月属子，正火气潜伏闭藏，以养其本然之真，而为来春发生升动之本。若于此时恣嗜欲以戕贼，至春升之际，下无根本，阳气轻浮，必有温热之病。

夫夏月火土之旺，冬月火气之伏，此论一年之虚耳。若上弦前下弦后，月廓月空亦为一月之虚。大风大雾，虹霓飞电，暴寒暴热，日月薄蚀，忧愁忿怒，惊恐悲哀，醉饱劳倦，谋虑勤动，又皆为一日之虚。若病患初退，疮痍正作，尤不止于一日之虚。今日多有春末夏初，患头痛脚软，食少体热，仲景谓春夏剧秋冬瘥，而脉弦大者，正世俗所谓注夏病。若犯此四者之虚，似难免此。夫当壮年便有老态，仰事俯育一切隳坏。兴言至此，深可惊惧。古人谓不见所欲，使心不乱。夫以温柔之盛于体，声音之盛于耳，颜色之盛于目，馨香之盛于鼻，谁是铁汉，心不为之动也？善摄生者，于此五个月出居于外。苟值一月之虚，亦宜暂远帷幕，各自珍重，保全天和，期无负敬身之教，幸甚！

养老论

人生至六十、七十以后，精血俱耗，平居无事，已有热证。何者？头昏，目眵，肌痒，溺数，鼻涕，牙落，涎多，寐少，足弱，耳聩，健忘，眩运，肠燥，面垢，发脱，眼花，久坐兀睡，未风先寒，食则易饥，笑则有泪，但是老境，无不有此。

或曰：《局方》乌附丹剂，多与老人为宜，岂非以其年老气弱不虚，理宜温补，今子皆以为热，乌附丹剂将不可施之老人耶？余晓之曰：奚止乌附丹剂不可妄用，至于好酒腻肉，湿面油汁，烧炙煨炒，辛辣甜滑，皆在所忌。或曰：子何愚之甚耶？甘旨养老，经训具在。为子为妇，甘旨不及，孝道便亏。而吾子之言若是，其将有说以通之乎？愿闻其略。

予愀然应之曰：正所谓道并行而不悖者，请详言之。古者井田之法行，乡闾之教兴，人知礼让，比屋可封。肉食不及幼壮，五十才方食肉。强壮恣饕，比及五十，疾已蜂起。气耗血竭，筋柔骨痿，肠胃壅閟，涎沫充溢，而况人身之阴难成易亏。六七十后阴不足以配阳，孤阳几欲飞越，因天生胃气尚尔留连，又借水谷之阴，故羁縻而定耳！所陈前证，皆是血少。《内经》曰：肾恶燥。乌附丹剂，非燥而何？夫血少之人，若防风、半夏、苍术、香附，但是燥剂且不敢多，况乌附丹剂乎？

补肾不如补脾，脾得温则易化而食味进，下虽暂虚，亦可少回。《内经》治法，亦许用劫，正是此意。盖为质浓而病浅者设。此亦儒者用权之意。若以为经常之法，岂不大误！彼老年之人，质虽浓，此时亦近乎薄，病虽浅，其本亦易以拨，而可以劫药取速效乎？若夫形肥者血少，形瘦者气实，间或可用劫药者，设或失手，何以取救？吾宁稍迟，计出万全，岂不美乎？乌附丹剂其不可轻饵也明矣。

至于饮食，尤当谨节。夫老人内虚脾弱，阴亏性急。内虚胃热则易饥而思食，脾弱难化则食已而再饱，阴虚难降则气郁而成痰，至于视听言动，皆成废懒。百不如意，怒火易炽。虽有孝子顺孙，亦是动辄扼腕。况未必孝顺乎！所以物性之热者，炭火制作者，气之香辣者，味之甘腻者，其不可食也明矣。虽然肠胃坚浓，福气深壮者，世俗观之，何妨奉养，纵口固快一时，积久必为灾害。由是观之，多不如少，少不如绝，爽口作疾，浓味措毒，前哲格言，犹在人耳，可不慎欤！或曰：如子之言，殆将绝而不与于汝安乎？予曰：君子爱人以德，小人爱人以姑息。况施于所尊者哉！惟饮与食将以养生，不以致疾。若以所养转为所害，恐非君子之所谓孝与敬也。

然则如之何则可？曰：好生恶死，好安恶病，人之常情。为子为孙，必先开之以义理，晓之以物性，旁譬曲喻，陈说利害，意诚辞确，一切以敬慎行之，又次以身先之，必将有所感悟而无捍格之逆矣。吾子所谓绝而不与，施于有病之时，尤是孝道。若无病之时，量酌可否，以时而进。某物不食，某物代之，又何伤于孝道乎？若夫平居闲话，素无开导诱掖之言，及至饥肠已鸣，馋涎已动，饮食在前，馨香扑鼻，其可禁乎？经曰：以饮食忠养之。“忠”之一字，恐与此意合，请勿易看过……

慈幼论

人生十六岁以前，血气俱盛，如日方升，如月将圆。惟阴长不足，肠胃尚脆而窄，养之之道不可不谨。童子不衣裘帛，前哲格言，具在人耳。裳，下体之服。帛，温软甚于布也。盖下体主阴，得寒凉则阴易长，得温暖则阴暗消。是以下体不与帛绢夹浓温暖之服，恐妨阴气，实为确论。血气俱盛，食物易消，故食无时。然肠胃尚脆而窄，若稠粘干硬，酸咸甜辣，一切鱼肉、木果、湿面、烧炙、煨炒，但是发热难化之物，皆宜禁绝。只与干柿、熟菜、白粥，非惟无病，且不纵口，可以养德。此外生栗味咸，干柿性凉，可为养阴之助。然栗大补，柿大涩，俱为难化，亦宜少与。妇人无知，惟务姑息，畏其啼哭，无所不与。积成痼疾，虽悔何及！所以富贵骄养，有子多病，迨至成人，筋骨柔弱，有疾则不能忌口以自养，居丧则不能食素以尽礼，小节不谨，大义亦亏。可不慎欤！

……古之胎教，具在方册，愚不必赘。若夫胎孕致病，事起茫昧，人多玩忽，医所不知。儿之在胎，与母同体，得热则俱热，得寒则俱寒，病则俱病，安则俱安。母之饮食起居，尤当慎密。

大病不守禁忌论

病而服药，须守禁忌，孙真人《千金方》，言之详矣。但不详言所以守禁忌之由，敢陈其略，以为规戒：

夫胃气者，清纯冲和之气，人之所赖以为生者也。若谋虑神劳，动作形苦，嗜欲无节，思想不遂，饮食失宜，药饵违法，皆能致伤。既伤之后，须用调补，恬不知怪，而乃恣意犯禁，旧染之证，与日俱积。吾见医将日不暇给，而伤败之胃气，无复完全之望，去死近矣。

简释：

朱丹溪（1281—1358），名震亨，元婺州路义乌（今浙江义乌）人。人称丹溪先生。他和刘完素、张从正、李东垣共被誉为金元四大家。刘完素对于火热，张子和对于攻下逐邪，李东垣对于脾胃，朱丹溪对于滋阴，都是当时医学的杰出代表，朱丹溪尤能集诸家之大成。尤其《局方》在当时医学界具有统治地位，至朱丹溪《局方发挥》出，才使医风为之一变，故影响尤为深远。丹溪学说，不仅在国内影响大，而且在15世纪时由月湖、田代三喜等人传入日本，成为沿用至今的日本汉医辨证纲领。

丹溪曾从理学家朱熹的四传弟子许谦治学，所以他的医论也可视为程朱理学医论。《格致余论》即其代表作。

该书共收医论42篇，以《相火论》《阳有余阴不足沦》为中心，认为"阳常有余，阴常不足"，所以若想养生治病就需"滋阴降火"。《饮食色欲箴》《养老论》《慈幼论》等篇，便围绕着滋阴的观点，深入论述养生的原理。

"相火论"，则是说相火乃人生命活动的原动力，若反常妄动，就会贼邪而致病。

什么是火？他说："天主生物，故恒于动，人有此生，亦恒于动。"天地万物都是恒动的，"凡动皆属火"。火，又有君火、相火之分。心是君火，主持人的思维；相火则是配合心火，推动人身生生不息的动力。肝、肾、胆、三焦即是相火，主要发源于肾。君火、相火互相配合才能温养脏腑，所以丹溪说："彼五火之动皆中节，相火惟有裨补造化，以为生生不息之运用耳。"

但是，若性情躁乱，变动反常，则"五性厥阳之火相扇"，相火就会妄动，产生病理变化，以致"火起于妄，变化莫测，无时不有，煎熬其阴，阴虚则病，阴绝则死"。既重阴气的保养，教人收心养心、动而中节，以免相火妄动而伤阴。又说"人之阴气，依胃为养"，如"谷、菽、菜、果，自然冲和之味，有食人补阴之功"，所以又须注意吃。

菽，指豆类。粮食、豆类、蔬菜、水果，这些才是人的最佳食品。所谓"节饮食"，是指烈酒、肥肉等偏厚之味，都需简省。又提出"节情欲”，“夫妇之间，成之以礼，接之以时”，如殉情纵欲，就伤身了。如果更用壮阳药等燥毒药品以助之，难免阴气虚耗，死得快了。丹溪又说“脾具坤静之德，而有干健之运”，“脾土之阴受伤，转输之官失职，胃虽受谷，不能运化”；“脾为消化之器，清和则能运”；“嗜酒则伤血，血伤则脾中之阴亦伤”，谆谆于脾阴的保养，充实了养阴理论。

在临床治病时，他遇恶热，往往作阴虚治，替内伤发热的治疗方法另立一大法门：“阴虚则发热……精神外驰，嗜欲无节，阴气耗散，阳无所附，遂致浮散于肌表之间而恶热也，当作阴虚治之，而用补养之法可也。”

在用药方面，丹溪发现龟板大有补阴之功。曾以龟板为主药，创立大补阴丸，用熟地、龟板、知母、黄柏等，滋肾水、降阴火。此后龟板才后人广泛使用，被医家誉为滋阴第一神品。

总之，中医“养阴清热”的原则，实确立于此。

朱丹溪的这些理论，从医学上说，也许复杂，实际上却只是理学“存天理，去人欲”的发挥，基本原理在于不放纵欲望。

人的欲望以饮食、男女为最大，故他亦主要针对这两方面立论。《饮食色欲箴》开宗明义，点出宗旨，教人勿纵欲肆欲。《阳有余而阴常不足论》讲的也是“圣贤只是教人收心养心”。《养老论》谈老年人养生，更反对一般人认为的“老人家应多进补”观念，主张老年人内虚脾弱，难消化之物勿予他吃，也勿让他吃零食。

医家养生原理不过如此，再简易不过了。但其所说，我们每个人都做不到啊！

传习录

卷上

【17】日间工夫觉纷扰，则静坐。觉懒看书，则且看书。是亦因病而药。

【23】问:“静时亦觉意思好。才遇事,便不同。如何? ”先生曰:“是徒知养静,而不用克己工夫也。如此临事便要倾倒。人须在事上磨,方立得住，方能静亦定，动亦定。”

【28】问:“宁静存心时,可为未发之中否? ”先生曰:“今人存心,只定得气。当其宁静时,亦只是气宁静。不可以为未发之中。”曰:“未便是中。莫亦是求中功夫? ”曰:“只要去人欲、存天理，方是功夫。静时念念去人欲，存天理。动时念念去人欲，存天理。不管宁静不宁静。若靠那宁静，不惟渐有富静厌动之弊。中间许多病痛，只是潜伏在。终不能绝去，遇事依旧滋长。以循理为生，何尝不宁静?以宁静为主，未必能循理。”

【39】一日论为学工夫。先生曰:“教人为学不可执一偏。初学时心猿意马，拴缚不定。其所思虑多是人欲一边。故且教之静坐息思虑。久之，俟其心意稍定。只悬空静守，如槁木死灰，亦无用。须教他省察克治。省察克治之功，则无时而可间。如去盗贼，须有个扫除廓清之意。无事时，将好色好货好名等私，逐一追究搜寻出来。定要拔去病根,永不复起,方始为快。常如猫之捕鼠。一眼看着,一耳听着。才有一念萌动，即与克去。斩钉截铁，不可姑容与他方便。不可窝藏。不可放他出路。方是真实用功。方能扫除廓清。到得无私可克，自有端拱时在。虽曰‘何思何虑’，非初学时事。初学必须思省察克治。即是思诚。只思一个天理。到得天理纯全，便是何思何虑矣。”

【57】问仙家元气,元神,元精。先生曰:“只是一件。流行为气。凝聚为精。妙用为神。”

【124】萧惠好仙释。先生警之曰:“吾亦自幼笃志二氏。自谓既有所得，谓儒者为不足学。其后居夷三载，见得圣人之学若是其简易广大，始自叹悔错用了三十年气力。大抵二氏之学，其妙与圣人只有毫厘之间。汝今所学，乃其土苴。辄自信自好若此。真鸱鸮窃腐鼠耳。”惠请问二氏之妙。先生曰:“向汝说圣人之学简易广大。汝却不问我悟的。只问我悔的。”惠惭谢。请问圣人之学。先生曰:

“汝今只是了人事问。待汝辨个真要求为圣人的心来与汝说。”惠再三请。先生曰：“已与汝一句道尽。汝尚自不会！”

卷中

【154】来书云：元神，元气，元精必各有寄藏发生之处：又有真阴之精，真阳之气，云云。夫良知一也，以其妙用而言谓之神，以其流行而言谓之气，以其凝聚而壬呈田之精，安可形象方所求哉？真阴之精，即真阳之气之母，真阳之气，即真阴之精之父：阴根阳，阳根阴，亦非有二也：苟吾良知之说明，即凡若此类，皆可以不言而喻；不然，则如来书所云三关、七返、九还之属，尚有无穷可疑者也。

【161】来书云：养生以清心寡欲为要。夫清心寡欲，作圣之功毕矣。然欲寡则心自清，清心非舍辛人事而独居求静之谓也：盖欲使此心纯乎天理，而无一毫人欲之私耳。今欲为此之功，而随人欲生而克之，则病根常在，未危灭于东而生于西：若欲刊剥洗荡于采欲未萌之先，则又无所用其力，徒使此心之不清。且欲未萌而搜剔以求去之，是犹引太上堂而逐之也，念不可矣。必欲此心纯乎天理，而无一毫人欲之私，此阼圣之功也：必欲此心纯乎天理，而蛀二毫人欲之私，非防于未萌之先而克于方萌之际不能也。防于未萌之先而克于方萌之际，此正《中庸》“戒慎恐惧”、《大学》“致知格物”之功：舍此之外，无别功矣：夫谓灭于东而生于西、引太上堂而逐之者，是自私自利、将迎意必之为累，而非克治洗荡之为患也。今日“养生以清心寡欲为要”，只养生二字，便是自私自利、将迎意必之根。有此病根潜伏于中，宜其有灭于东而生于西、引犬上堂而逐之之患也。

【162】来书云：佛氏于“不思善，不思恶，时认本来面”，于吾儒“随物而格”之功不同。吾若于不思善，不思恶时，用致知之功，则已涉于思善矣。欲善恶不思，而心之良知清静台在，惟有寐而方醒之

时耳。斯正孟子“夜气”之说。但于斯光景不能久，倏忽之际，思虑已生：不知用功久者，其常寐初醒而思未起之时否乎？今澄欲求宁静，念不宁静，欲念无生，则念念生，如之何而能使此心前念易减，后念不生，良知独显，而与造物者游乎？“不思善、不思恶，时认本来面目。”此佛氏为未识本来面目者设此方便：本来面目则吾圣门所谓真知；今訞认得真知明白，即已不消如北欣矣。“随物而格”，是致知之功，即佛氏之“常惺惺”，亦是常存他本来面目耳，体段工夫大略相似，但佛氏有个自私自利之心，所以便有不同耳。今欲善恶不思，而心之良知清静自在，此便有自私自利、将迎意必之心，所以有“不思善、不思恶时，用致知之功，则已涉于思善”之患。孟子说“夜气”，亦只是为失其良心之人指出个良心萌动处，使他从此培养将去，今已知得良知明白，常用致知之功，即已不消说“夜气”：却是得兔后不知守兔，而仍去守株，免将复先之矣。欲求宁静，欲念无生，此正是自私自利、将迎意必之病，是以念愈生而愈不宁静。良知只是一个良知，而善恶自辨，更有何善何恶可思！良知之体本自宁静，今却又添一个求宁静，本自生生，今却又添一个欲无生，非独圣门致知之功不如此，虽佛氏之学亦未如此将迎意必也。只是一念良知，彻头彻尾，无始无终，即是前念不灭，后念不生，今却欲前念易灭，而后念不生，是佛氏所谓断灭种性，入于槁木死灰之谓矣。

【167】来书云：《大学》以“心有好乐、忿懥、忧患，恐惧”为“不得其正”，而程子亦谓“圣人情顺万事而无情。”所谓有者，《传习录》中以病疟譬之，极精切矣：若程子之言，则是圣人之付不生于心而生于物也，何谓耶？且事感而情应，则是走非非可以就格；事或未感时，谓之有则未形也，谓之无则病根在有无之间，何以致吾知乎？学务鱼情，累虽轻，而出儒入佛矣，可乎？圣人致知之功，至诚无息；其良知之体，皦如明镜，略无纤翳，妍媸之来，随物见形，而明镜曾无留染：所谓“情顺万事而无情”也。“无所所住而生其心”佛氏曾有是言，未为非也；明镜之应物，妍者妍，媸者媸，一照而

皆真，即是生其心处：妍者妍，媸者媸，一过而不留，即是无所住处。病疟之喻，既已见其精切，则此节所问可以释然，病瘥之人，疟虽未发，而病根自在，则亦安可以其疟之未发而遂忘其服药调理之功乎？若必待瘥蔽而后服药调理，则既晚矣；致知之功，无间于有事、无事，而岂论于病之已发、未发邪？大抵原静所疑，前后虽若不一，然皆起于自私自利、将迎意必之为祟：此根一去，则前后所疑，自将冰消雾泽，有不待于问辨者矣。

卷下

【202】九川问：“近年因厌泛滥之学，每要静坐，求屏息念虑，非惟不能，愈觉扰扰，如何？”先生曰：“念如何可息？只是要正。”曰：“当自有无念时否？”先生曰：“实无无念时。”曰：“如此却如何言静？”曰：“静未尝不动，动未尝不静。戌谨恐惧即是念，何分动静？”曰：“周子何以言‘定之以中正，仁而主静？’”曰：“无欲故静，是“静亦定，动亦定’的定字，主其本体也；戒惧之念，是活泼泼地，此是天机不息处，所谓‘维天之命，于穆不已’。一息便是死，非本体之念则是私念。”

【203】又问：“用功收心时，有声、色在前，如常闻、见，恐不是专一。”曰：“如何欲不闻、见？除是槁木死灰，耳聋、目盲则可。只是虽闻、见而不流去便是。”曰：“昔有人静坐，其子隔壁读书，不知其勤惰。程子称其甚敬。何如？”曰：“伊川恐亦是讥地。”

【204】又问：“静坐用功，颇觉此心收敛；遇事又断了，旋起个念头去事上省察：事过又寻旧功，还觉有内外，打不作一片。”先生曰：“此‘格物’之说未透。心何尝有内外？即如惟僭今在此讲论，又岂有一心在内照管？这听讲说时专敬，即是那静坐时心。功夫一贯，何须更起念头？人须在事上磨练做功夫乃有益：若只好静，遇事便乱，终无长进。那静时功夫亦差似收敛，而实放溺也。”

【262】一友静坐有见，驰问先生。答曰：“吾昔居滁时，见诸

生多务知解，口耳异同，无益于得，姑教之静坐；一时窥见光景，颇收近效：久之渐有喜静厌动，流入枯槁之病，或务为玄解妙觉，动人听闻。故迩来只说‘致良知’。良知明白，随你去静处体悟也好。随你去事上磨练也好，良知本体原是无动无静的：此便是学问头脑。我这个话头，自滁州到今，亦较过几番，只是‘致良知’三字无病。医经折肱，方能察人病理。”

【278】问：“夭寿不贰”，先生曰：“学问功夫，于一切声利、嗜好，俱能脱落殆尽，尚有一种生死念头毫发挂带，便于全体有未融释处。人于生死念头，本从生身命根上带来，故不易去；若于此处见得破，透得过，此心全体方是流行无碍，方是尽性至命之学。”

【279】一友问：“欲于静坐时，将好名、好色、好货等根，逐一搜寻，扫除廓清，恐是剜肉做疮否？”先生正色曰：“这是我医人的方子，真是去得人病根，更有大本事人过了十数年，亦还用得着。你如不用，且放起，不要作坏我的方子！”

【342】邹谦之尝语德洪曰：“舒国裳曾持一张纸，请先生写‘拱把之桐梓’一章。先生悬笔为书到‘至于身而不知所以养之者’，顾而笑曰：‘国裳读书，中过状元来，岂诚不知身之所以当养，还须诵此以求警。’一时在侍诸友皆惕然。”

简释：

《传习录》是王阳明的门人收集的阳明教学记录，最能代表王学精义。

卷上十七、廿三、三九，卷下二零二、二零三、二零四、二六二、二七九都是谈静坐或修静的。在这方面，阳明与朱子相同，都主张静坐不失为一种收摄之法，可帮助人勿驰心于外物，所以也常鼓励人静坐。

可是儒家之法，动静无端、动静一如，因此他们又皆深戒学者仅偏于静的一边。

不偏于静，那就须应事接物。工夫所在，即在于能够“随物而格”，发而中节，皆能致吾良知，与佛教绝思、去虑、无念之法迥异。

阳明不相信佛教“不思善、不思恶”“无念”的说法，批判十分犀利，可细加玩味，以见佛儒两家分际。

此外，静坐在阳明看来，只是调心之一种初级法门。真正工夫仍应着在“存天理、去人欲”上。对自己的私欲痛正省察，一一克除，而存养良知本心，使其不昧。如此便是他所理解的格物致知了。所以他也把他这套工夫称为致良知。

更要稍加说明的是，宋明理学家因讲“存天理，去人欲”在近代被骂得半死，说他们窒锢人的情欲，不近人情，空持礼教以束缚天下。这真是圣人碰上疯子，有理也讲不清。

前文已说过多次，儒家跟基督教、佛教、道教等等相比，最重视人有情欲这个现实了，从来不主张禁欲、去欲。既如此，为何宋明理学家又分明说要“存天理、去人欲”呢？

近代人就在此大申挞伐，实则望文生义，根本不知原委。

儒家从孟子、荀子以来就说：人都是有情欲的，故情欲生活、饮食男女，必须让他获得正当的满足。但这个层面，只是人的生物性存有（宋明理学家称为人心、人欲），与其他生物禽兽没啥不同。可是人与禽兽毕竟还不一样，是因人还有良心、有善性。这种良知善性，是人合乎天理的部分（宋明理学家称为道心、天理）。

所以一个人文的世界，若要避免禽兽化，就须努力发扬良心善性，也就是合乎天理的那个部分，尽量把人的兽性本能克制住，此即所谓存天理、去人欲。这里的“去人欲”，不是说人不要有、不可以有欲望。去人欲，只是说克制、去除人自私自利，好名、好色、好货等欲求，时刻体察到我们还有一颗能上通天道、上合天理的良心罢了。

而且，依阳明之见，良心与好色好货好名之心，也不是两种心。人闻到香气，自然会喜欢；闻到恶臭，自然会嫌恶。看到美人，自生欢喜；见了丑陋之物，亦自讨厌。这种心、这种知，即是良知良能，与孟子说看见小孩子快要掉进井里时自然而生的恻隐怵惕之心，均是合乎天理的。

因此好色、好货、好名不是坏事，若人人无这种好色、好货、好名之心，那还成甚世界？岂不要枯寂死灭了吗？荀子批评那些主张去欲的人不通，即由于此。

但一心沾在色、货、名上，生出种种念头，或为色、为货、为名而殉身害己、伤人害义，那就是被私欲掩蔽良知了。存天理、去人欲，不过如拨去浮云，勿使掩翳，则良心自然豁显光明，非另于“人心”之外别求“道心”也。

卷上三九，卷中一六一、一六二，卷下二七九均就此有所申论。理论看起来简易，实际功夫却是要剜剔自己病根、痛下工夫的。

卷上五七、一二四，卷中一五四谈的则是儒与仙之辨。阳明少年时出入佛老，对丹道养生下过很深的工夫。新婚之夜，在江西南昌铁柱宫，与道士论长生诀法，居然一夜未归，可见他对此事兴头之大。正因他对佛道都不陌生，故也才能深明他们与儒家的差别。

人　谱

证人要旨

无极太极，一曰凛闲居以体独。

学以学为人，则必证其所以为人。证其所以为人，证其所以为心而已。自昔孔门相传心法，一则曰慎独，再则曰慎独。夫人心有独体焉，即天命之性。而率性之道所从出也。慎独而中和位育，天下之能事毕矣。然独体至微，安所容慎？惟有一独处之时可为下手法……吾姑即闲居以证此心。

此时一念未起，无善可着，更何不善可为？止有一真无妄在。不睹不闻之地，无所容吾自欺也，吾亦与之毋自欺而已。则虽一善不立之中，而已具有浑然至善之极。君子所为，必慎其独也。

夫一闲居耳，小人得之为万恶渊薮，而君子善反之，即是证性之路。盖敬肆之分也。敬肆之分，人禽之辩也。此证人第一义也。

静坐是闲中吃紧一事，其次则读书。朱子曰：“每日取半日静坐，半日读书。”如是行之一二年，不患无长进。

动而无动，二曰甫动念以知几。

独体本无动静，而动念其端倪也。动而生阳，七情着焉。念如其初，则情返乎性。动无不善，动亦静也。转一念而不善随之，动而动矣。是以君子有慎动之学。七情之动不胜穷，而约之为累心之物，则嗜欲忿懥居其大者。《损》之象曰："君子以惩忿窒欲。"惩窒之功，正就动念时一加提醒，不使复流于过而为不善。才有不善，未尝不知之而止之。止之而复其初矣。过此以往，便有蔓不及图者。昔人云：惩忿如推山，窒欲如填壑。直如此难，亦为图之于其蔓故耳。学不本之慎独，则心无所主。滋为物化，虽终日惩忿，只是以忿惩忿，终日窒欲，只是以欲窒欲。以忿惩忿忿愈增，以欲窒欲欲愈溃，宜其有取于推山填壑之象。岂知人心本自无忿，忽焉有忿，吾知之，本自无欲，忽焉有欲，吾知之。只此知之之时，即是惩之窒之之时。当下廓清，可不费丝毫气力，后来徐家保任而已。《易》曰："知几，其神乎！"此之谓也。谓非独体之至神，不足以与于此也。

静而无静，三曰谨威仪以定命。

慎独之学，既于动念上卜贞邪，已足端本澄源，而诚于中者形于外，容貌辞气之间有为之符者矣，所谓"静而生阴"也。于焉官虽止，而神自行，仍一一以独体闲之，静而妙合于动矣。如足容当重，无以轻佻心失之。手容当恭，无以弛慢心失之。目容当端，无以淫僻心失之。口容当止，无以烦易心失之。声容当静，无以暴厉心失之。头容当直，无以邪曲心失之。气容当肃，无以浮荡心失之。立容当德，无以徙倚心失之。色容当庄，无以表暴心失之。此记所谓九容也。天命之性不可见，而见于容貌辞气之间，莫不各有当然之则，是即所谓性也。故曰威仪所以定命。昔横渠教人，专以知礼存性、变化气质为先，殆谓是与！

五行攸叙，四曰敦大伦以凝道。

人生七尺，堕地后，便为五大伦关切之身，而所性之理与之一齐俱到，分寄五行，天然定位。父子有亲属少阳之木，喜之性也。君臣有义属少阴之金，怒之性也。长幼有序属太阳之火，乐之性也。

夫妇有别属太阴之水，哀之性也。朋友有信书阴阳会合之土，中之性也。此五者，天下之达道也，率性之谓道是也。然必待其人而后行，故学者工夫，自慎独以来，根心生色，畅于四肢，自当发于事业。而其大者，先授之五伦，于此尤加致力，外之何以极其规模之大，内之何以究其节目之详，总期践履敦笃，慥慥君子，以无忝此率性之道而已。昔人之言曰：五伦间有多少不尽分处。夫惟（尝）【常】怀不尽之心，而黾黾以从事焉，庶几其逭于责乎！

物物太极，五曰备百行以考旋。

孟子曰："万物皆备于我矣。"此非意言之也。只繇五大伦推之，盈天地间，皆吾父子兄弟、夫妇君臣朋友也。其间知之明，处之当，无不一一责备于君子之身。大是一体，关切痛痒。然而其间有一处缺陷，便如一体中伤残了一肢一节，不成其为我。又曰："细行不矜，终累大德。"安见肢节受伤，非即腹心之痛？故君子言仁则无所不爱，言义则无所不宜，言别则无所不辩，言序则无所不让，言信则无所不实。至此乃见尽性之学，尽伦尽物，一以贯之。《易》称"视履考祥，其旋元吉"，今学者动言万物备我，恐只是镜中花，略见得光景如此。若是真见得，便须一一与之践履过。故曰："反身而诚，乐莫大焉。"又曰："强恕而行，求仁莫近焉。"反身而诚，统体一极也。强恕而行，物物付极也。

其要无咎，六曰迁善改过以作圣。

自古无现成的圣人。即尧舜不废兢业。其次只一味迁善改过，便做成圣人，如孔子自道可见。学者未历过上五条公案，通身都是罪过。即已历过上五条公案，通身仍是罪过。才举一公案，如此是善，不如此便是过。即如此是善，而善无穷，以善进善亦无穷。不如此是过，而过无穷，因过改过亦无穷。一迁一改，时迁时改，忽不觉其入于圣人之域。此证人之极则也。然所谓是善是不善，本心原自历落分明。学者但就本心明处一决决定，如此不如彼，便时时有迁改工夫可做。更须小心穷理，使本心愈明，则查简愈细，全靠不得。今日已是见得如此如此，而即以为了手地也。故曰：君子无所不用其极。

记过格

物先兆，一曰微过，独知主之。

妄独而离其天者是。

以上一过，实函后来种种诸过，而藏在未起念以前，仿佛不可名状，故曰微。原从无过中看出过来者。

妄字最难解，直是无病痛可指。如人元气偶虚耳，然百邪从此易入。人犯此者，便一生受亏，无药可疗，最可畏也。程子曰："无妄之谓诚。"诚尚在无妄之后，诚与伪对，妄乃生伪也。妄无面目，只一点浮气所中，如履霜之象，微乎微乎！妄根所中曰惑，为利为名，为生死，其粗者，为酒色财气。

动而有动，二曰隐过，七情主之。

溢喜损者三乐之类。

迁怒尤忌藏怒。

伤哀长戚戚。

多惧忧谗畏讥，或遇事变而失其所守。

溺爱多坐妻子。

作恶多坐疏贱。

纵欲耳目口体之属。

以上诸过，过在心，藏而未露，故曰隐。仍坐前微过来，一过积二过。

微过不可见，但感之以喜，则侈然而溢。感之以怒，则怫然而迁。七情皆如是，而微过之真面目，于此斯见。今须将微者先行消煞一下，然后可议及此耳。

静而有静，三曰显过，九容主之。

箕踞、交股、大交、小交。趋、蹶。以上足容。

擎拳、攘臂、高卑任意。以上手容。

偷视、邪视、视非礼。以上目容。

貌言、易言、烦言。以上口容。

高声、谑、笑、詈骂。以上声容。

岸冠、脱帻、摇首、侧耳。以上头容。

好刚使气、怠懈。以上气容。

跛倚、当门、履阈。以上立容。

令色、遽色、作色。以上色容。

以上诸过，授于身，故曰显。仍坐前微隐二过来，一过积三过。

九容之地，即七情穿插其中。每容都有七种情状伏在里许。今姑言其略。如箕踞，喜也会箕踞，怒也会箕踞。其它可以类推。

五行不叙，四曰大过，五伦主之。

非道事亲、亲过不谏、责善、轻违教令、先意失欢、定省失节、唯诺不谨、奔走不恪、私财、私出入、私交游、浪游、不守成业、不谨疾、侍疾不致谨、读礼不慎、衣服饮食居处。停丧、祭祀不敬、失斋失戒不备物。继述无闻、忌日不哀、饮酒茹荤。事伯叔父母不视父母以降。以上父子类，皆坐为人子者。其为父而过，可以类推。

非道事君、长君、逢君、始进欺君、考校簠仕钻刺之类。迁转欺君夤缘速化。宦成欺君、贪位固宠。不谨、疲软、贪、酷、傲上官、陵下位、居乡把持官府、嘱托私事、迟完国课、脱漏差徭、擅议诏令、私议公祖父母官政美恶、纵子弟出入衙门、诬告。以上君臣类。

交警不时、听妇言、反目、帷薄不谨、如纵妇女入庙烧香之类。私宠婢妾、无故娶妾、妇言逾阈。以上夫妇类，皆坐为人夫者。其妇而过，可以类推。

非道事兄、疾行先长、衣食凌竞、语次先举、出入不禀命、忧患不恤、侍疾不谨、私蓄、蚤年分爨、侵公产、异母相嫌、阋墙、外诉、听妻子离间、贫富相形、久疏动定、疏视犹子、遇族兄弟于途不让行、遇族尊长于途不起居。以上长幼类，皆坐为人幼者。其为长而过，可以类推。

势交、利交、滥交、狎比匪人、延誉、耻下问、嫉视诤友、善不相长、过不相规、群居游谈、流连酒食、缓急不相视、初终渝盟、匿怨、强聒、好为人师。以上朋友类。

以上诸过，过在家国天下，故曰大。仍坐前微隐显三过来，一过积四过。

诸大过，总在容貌辞气上见。如高声一语，以之事父则不孝，以之事兄则不友。其它可以类推。为是心上生出来者。

物物不极，五曰丛过，百行主之。

游梦、戏动、谩语、嫌疑、造次、乘危、繇径、好闲、博、奕、流连花石、好古玩、好书画、床笫私言、蚤眠晏起、昼处内室、狎使婢女、挟妓、俊仆、畜优人、观戏场、行不必妇女、暑月袒、科跣、衣冠异制、怀居、居处器什。舆马、饕飧、憎食、纵饮、深夜饮、市饮、轻赴人席、宴会侈靡、轻诺、轻假、我假人。轻施、与人期爽约、多取、滥受、居闲为利、献媚当途、躁进、交易不公、亏小经纪一文二文以上，及买田产短价。拾遗不还、持筹、田宅方圆、嫁娶侈靡、诛求亲故、穷追远年债负、违例取息、谋风水、有恩不报、拒人乞贷、遇事不行方便、如排难解纷、劝善阻恶之类。横逆相报、宿怨、武断乡曲、设誓、骂詈、习市语、称绰号、造歌谣、传流言、称人恶、暴人阴事、面讦、讥议前贤、(好)讼、主讼、失盗穷治、捐弃故旧、疏九族、薄三党、欺乡里、侮邻(佑)【右】、慢流寓、虐使仆童、欺凌寒贱、挤无告、遇死丧不恤、见骼不掩、特杀、食耕牛野禽、杀起蛰、无故拔一草折一木、暴殄天物、亵渎神社、呵风怨雨、弃毁文字、雌黄经传、读书无序、作字潦草、轻刻诗文、近方士、祷赛、主创庵院、拜僧尼、假道学。

以上诸过，自微而着，分大而小，各以其类相从。略以百为则，故曰丛。仍坐前微隐显大四过来，一过积五过。

百过所举，先之以谨独一关，而纲纪之以色食财气，终之以学。而畔道者，大抵皆从五伦不叙生来。

迷复六曰成过，为众恶门，以克念终焉。

祟门微过成过曰微恶。用小讼法解之，闭阁一时。

妖门隐过成过曰隐恶。用小讼法解之，闭阁二时。

戾门显过成过曰显恶。用小讼法解之，闭阁三时。

兽门大过成过曰大恶。用大讼法解之，闭阁终日。

贼门丛过成过曰丛恶。轻者用小讼，重者用大讼解之。闭阁如前。

圣域诸过成过，还以成过得改地，一一进以讼法，立登圣域。

以上一过准一恶，恶不可纵，故终之以圣域。

人虽犯极恶大罪，其良心仍是不泯，依然与圣人一样。只为习染所引坏了事。若才提起此心，耿耿小明，火然泉达，满盘已是圣人。或曰："其如积恶蒙头何！"曰："说在孟子训恶人斋沐矣。且既已如此，又恁地去，可奈何？正恐直是不繇人，不如此不得。"

讼过法即静坐法。

一炷香，一盂水，置之净几，布一蒲团座子于下。方会，平旦以后，一躬，就坐。交趺齐手，屏息正容，正俨威间，鉴临有赫，呈我宿疚，炳如也。乃进而敕之，曰："尔固俨然人耳，一朝跌足，乃兽乃禽，种种堕落，嗟何及矣。"应曰："唯唯。"于是方寸兀兀，痛汗微星，赤光发颊，若身亲三木者。已乃跃然而奋曰："是予之罪也夫。"则又敕之曰："莫得姑且供认。"又应曰："否否。"顷之一线清明之气徐徐来，若向太虚然，此心便与太虚同体。乃知从前都是妄缘，妄则非真。一真自若，湛湛澄澄，迎之无来，随之无去，却是本来真面目也。此时正好与之葆任，忽有一尘起，辄吹落；又葆任一回，忽有一尘起，辄吹落。如此数番，勿忘勿助，勿问效验如何。一霍间整身而起，闭阁终日。

或咎予此说近禅者，予已废之矣。既而思之曰：此静坐法也。静坐非学乎？程子每见人静坐，便叹其善学。后人又曰：不是教人坐禅入定，盖借以补小学一段求放心工夫。旨哉言乎！然则静坐岂一无事事？近高忠宪有《静坐说》二通，其一是撒手悬崖伎俩，其一是小心着地伎俩，而公终以后说为正。今儒者谈学，每言存养省察，又曰"静而存养，动而省察"，却教何处分动静？无思无为，静乎？应事接物，动乎？虽无思无为，而此心常止者自然常运；虽应事接物，而此心常运者自然尝止。其常运者即省察之实地，而其常止者即存养之真机，总是一时小心着地工夫。故存养省察二者，不可截然分为两事，而并不可以动静分也。陆子曰："涵养是主人翁，省察是奴婢。"今为钝根设法，请先其奴者，得讼过法。然此外亦别无所谓涵养一门矣。故仍存其说而不废，因补注曰静坐法。

简释：

王阳明弟子遍天下，工夫颇有不同。李材讲止修、黄绾讲艮止、聂豹讲归寂、王艮则有淮南格物说，此处仅介绍刘宗周的方法。

刘宗周号蕺山，明亡殉国，是王学的殿军。但对阳明学有继承也有修正，工夫所重，在于慎独。

慎独，出于《大学》。本来是说一个人修身养性不是做给人家看的，在自己独处时更要谨慎，因为这时你更容易放逸。刘宗周对此特有会心，又深化了它的意义，作为一种工夫。不只自己依此修习，还推广之。

他五十四岁时，成立了证人社，社中人集会劝励，鼓励大家进德修善。社有社约。后来他作《人谱》，就把社约修改成为《证人要旨》收入书中。其中大旨，就是慎独。

具体工夫，分"静时存养"与"动时省察"。不过，与朱熹王阳明一般，动静也不是截然两分的。例如身动心静时、心动身静时，动静皆难区分，故两方面工夫应相互作用。若偏于静即流于禅，偏于动便流于伪。

当然，理论如此，具体入手处仍是收摄、仍要静，故存养以静坐为手段。他也比朱子和阳明都更强调静坐工夫。

静坐前先立志，再静坐。以"凛闲居以体独"开始，也就是教人通过静坐与读书去体会良知主体。这个独立且可自作主宰的心，他称为独，又称独体。慎独，就是敬慎地、诚实地面对人自己的良心。方法是："一炷香，一盂水，置之净几，布一蒲团座子于下，方会平旦以后，一躬就坐，屏息正容。"熏香、净水，在早晨开始打坐。盘着腿，类似禅坐。

具体工夫分六层，一是体会良心，认真面对自我、不自欺。二是"卜动念以知几"，在念头刚生起时就予以觉察，然后该止则止，归于本心。三是"谨威仪以定命"，在容貌辞气、视听言动之间避免放佚偏颇。这与上一步工夫，可说一察之于内，一考之于外。四，敦大伦以凝道，即敦勉人伦之际，以巩固人道，也就是说在五伦关系上均要勉力敦行。五，备百行以考旋，指要把仁义理智信诸德推广落实到生活各种细节中。六，改过迁善以作圣，是说通过上述各种体察，自勉自励，即能成就为圣人。

各阶段该避、该改的是什么过错，他均有说明，所以是可具体操作的手册，不同于朱子阳明之说均只是理论，故选以供各位参考。

改过之法，具见于《功过格》。功过格，本来是源于曾子说的“吾日三省吾身”，要人自己每天视察有无过失。后来道教说天上北斗星中“南斗注生，北斗注死”，有星君会在冥冥中记录人的功过，在生死簿上加分减分，这分数一算，就决定了人的年寿短长。两说，宋明以后在民间合流，儒生与修行人都鼓励大家自己记功过，天算不如人算，自己自助，帮自己添寿算。

具体制定功过格条目与内容者，最古者当推金大定十一年（1171）净明道所作之《太微仙君功过格》。立有功格三十六条、过律三十九条。规定治人疾病、救人性命、传授经教、为人祈禳、劝人为善等，皆予记功。反之行不仁、不善、不义、不轨等事则记过。逐日记录，一月一小比，一年一大比，善多者得福，过多者得咎。序说:“《易》曰:积善之家，必有余庆;积不善之家，必有余殃。道科曰:积善则降之以祥，造恶则责之以祸,故儒道之教,一无异也。古者圣人君子、高道之士，皆着盟诫，内则洗心炼行,外则训诲于人,以备功业矣。”其思想综合儒道,十分明显。

据清代石成金之“传家宝”记载，宋代之范仲淹、苏洵等人皆作有功过格，名闻一时。明末此风尤盛，佛教人士更是大力推广，现在市面上还十分流行的云栖袾宏《自知录》《袁了凡功过格》，即是这类书。

刘氏《人谱》也具这种功能。费鹅湖云:“功过格甚精微，男女贫富皆可行之。且修事修意，直接上根。受此格者，每日自记功过于历日上。一功记Θ，十功记⊕，百功记㊣;一过记□，十过记 *，百过记 ※。将功补过，算所余者为定，朔望焚香告天，至满善愿而回向之。勤修不已，积至百㊣，圣贤可成，神明钦敬，有愿必得，无福不臻。前辈范文正、苏眉山、张魏公，俱受此格，敬信奉行。”可说是当时社会上的共识。

也许你要说:“这是成圣之学，与养生有什么关系？”那就错了!

儒者养生，诀要只有三个字：仁者寿。此心湛湛澄澄，葆任天机，焉能不寿？何况《功过格》这类书，从起源上就是教人增寿添算之法，故《人谱》既是成圣之学，同时也就是养生之方，诸位依之练习，不会错的。

遵生八笺

清修妙论笺

高子曰：摄生尚玄，非崇异也。三教法门，总是教人修身、正心、立身、行己、无所欠缺。为圣为贤，成仙成佛，皆由一念做去。吾人禀二五之精，成四大之体，富贵者，昧养生之理，不问卫生有方；贫穷者，急养身之策，何知保身有道？指神仙之术为虚诬，视禅林之说为怪诞也。六欲七情，哀乐销烁，日就形枯发槁，疾痛病苦，始索草根树皮，以活精神命脉。悲哉，愚亦甚矣！保养之道，可以长年，载之简编，历历可指，即《易》有《颐卦》，《书》有《无逸》，黄帝有《内经》，《论语》有《乡党》，居子心悟躬行，则养德养生，兼得之矣。岂皆外道荒唐说也？余阅典籍，随笔条记成编，笺曰《清修妙论》。

仲长统《昌言》曰："屈者以夫伸，蓄者以夫虚，内者以夫外也。气宜宣而遏之，体宜调而养之，神宜平而抑之，必有次和者矣。夫善养性者得其和。邻脐二寸谓之关，关者，所以关藏呼吸之气，禀授四体也。故气长以关息，气短者其气稍升，其脉稍促，其神稍越。至于以肩息而舒，其神稍专，至于以关息而气衍矣。故养寿者，当致气于关，是为要术。"

薛子曰："养得胸中无一物，其大浩然无涯。有欲则邪得而入之，无欲则邪无自而入。且无欲则所行自简，又觉胸中宽平快乐，静中有无限妙理。"

又曰："常沉静则含蓄义理深，而应事有力。故厚重静定宽缓，乃进德之基，亦为老人养寿之要。”

“一念之非即遏之，一动之妄即改之，一毫念虑杂妄，便当克去。志固难持，气固难养。主敬可以持志，少欲可以养气。”

“人若不以理制心，其失无涯。故一念之刻即非仁，一念之贪即非义，一念之慢即非礼，一念之诈即非智。此君子不可一念起差，至大之恶，由一念之不善，而遂至滔天。”

“修德行义，守道养真，当不言而躬行，不露而潜修，外此一听于天。若计较成仙作祖，邀名延誉，则日夕忧思，况未必遂，徒自劳扰，是为不知天命。”

“才舒放即当收敛，才言语便思简默。不可乘喜而多言，不可乘快而多事。须有包含，则有余味，发露太尽，恐亦难继．故慎言语，养德之大；节饮食，养生之大。”

“积德积善，不知其善，有时而得用；弃礼背义，不知其恶，有时而蒙害。故庄敬日强，轻肆日偷。”

“圣人不怨天，不尤人，心地多少洒落自在。常人才与人不合即尤人，才不得于事即怨天，其心忿忮劳扰，无一时之宁泰，是岂安命顺时之道？”

“心诚色温，气和词婉，必能动人。若人未已知，不可急求其知；人未已合，不可急求其合。觉人之诈，不形于言，有无限余味。”

“佛言苦乐逆顺，道在其中。夫素富贵行乎富贵，素贫贱行乎贫贱，素患难行乎患难，素夷狄行乎夷狄，随寓而安，圣贤也，何有苦乐逆顺之异哉？苦乐逆顺，固外也，以吾道处之，则无不可。”

“世人所以不达道者，正以浮幻相缠，役役无了时也。苟能具天眼，勘破世故，则虚名薄利，皆为吾累。古之人所以适其适，而不适人之所共适者，为己重也。”

“人生世间，要见识高远。见识高远，则不为浅近眩惑。日观世事之盛衰，夜观气运之消长。由其盛衰也，吾以出处应之；由其消长也，吾以进退随之，则祸可避而害可禳。不然，奔役惛梦，几何不为时势所害？”

“世间陷阱，在在有之，要人醒醒耳。眼一少昧，足一少偏，心一少惑，则堕落阱中，安能出哉？身在阱中，心悔前日之非，晚矣！此君子贵乎知微。”

“敬者德之聚也。敬则众善毕集，不敬则怠惰放僻随至，而德败矣。持敬而无间断，则诚矣。未能诚者，由敬而入，敬以存心，其体湛然，自无杂虑。况庄敬亦是保养身心元气的工夫。”

“衣垢不湔，器缺不补，对人犹有惭色；行垢不湔，德缺不补，对天岂无愧心？”

“君子对青天而惧，闻雷震而不惊；履平地而恐，涉风波而不惧。”

“破爪伤肤，坏梳摘发，色为之变；聚珍瘗身，列艳靡骨，心为之安。”

“倚富者贫，倚贵者贱，倚强者弱，倚巧者拙。倚仁义道德者，不贫，不贱，不弱，不拙。”

“化于未明之谓神，止于未为之谓明，禁于已着之谓察，乱而后制之谓瞽。故于事物之扰，不可不先此三者。”

“为家以正伦理、别内外为本，以尊祖睦族为先，以勉学修身为次，以树艺牧畜为常。守以节俭，行以慈让，足己而济人，习礼而畏法。可以寡过，可以静摄，而无扰扰于前矣。”

“吾人不可以不知命，矧老人乎？人之所志无穷，而所得有限者，命也。命不与人谋也久矣，安之故常有余，违之则常不足。惟介以植内，和以应外，听其自来，是安命也”。

“心本可静，事触则动。动之吉为君子，动之凶为小人。·孟子曰：‘我四十不动心。’是不为外物动也。”

“泛交不若寡交，多求不若慎守。”

“易损而难覆者，精也；易躁而难静者，神也。惟养元气充满，则精神融和，遇损遇躁，常有主以制之矣。”

“惟心与天一，故理之所得者独明，而能开人心之迷。心与地一，故水之所汲者独灵，而能涤人心之陋。故以一杯之水，而能疗医所不治之疾，罔不瘳者，岂由水之灵哉？实资于道之用也。不知者为妄诞。”

“人心思火则体热，思水则体寒。怒则发竖，惊则汗滴，惧则肉颤，愧则面赤，悲则泪出，慌则心跳，气则麻痹。言酸则垂涎，言臭则吐唾。言喜则笑，言哀则哭。笑则貌妍，哭则貌媸。又若日有所见，夜必梦扰；日有所思，夜必谵语。梦交则泄精，气怒则发狂。此皆因心而生者也，人可于灵君使令一刻不在绛宫以统百属乎？”

《荀子》曰：“自知者不怨人，知命者不怨天。怨人者穷，怨天者凶。”又曰：“荣辱之大分，安危利害之常体也。先义而后利者荣，先利而后义者辱。荣者常通，辱者常穷。通者常制人，穷者常制于人。”

《文中子》曰：“静漠恬淡，所以养生也；和愉虚无，所以据德也。外不乱内，即性得其宜；静不动和，即德安其位。养生以经世，抱德以终年，可谓能体道矣。”

仲长统曰：“荡六情者，有心而不以之思，有口而不以之言，有体而不以之安。安之而能迁，乐之而不爱，以之图之，不知日之益也，不知物之易也。”

《崔子玉座右铭》曰：“毋道人之短，毋说己之长。施人慎勿念，受施慎勿忘。世誉不足慕，惟仁为纪纲。隐心而后动，谤议庸何伤？毋使名过实，守愚圣所臧。在涅贵不缁，暧暧内含光。柔弱生之徒，老氏戒刚强。行行鄙夫志，悠悠故难量。慎言节饮食，知足胜不祥。行之苟有恒，久久自芬芳。”

四时调摄笺

高子曰：时之义大矣，天下之事未有外时以成者也，故圣人与四时合其序，而《月令》一书尤养生家之不可少者。

《尚书大传》曰：“东方为春，春者，出也，万物之所出也。”《淮南子》曰：“春为规，规者，所以圜万物也。规度不失，万物乃理。”《汉律志》曰：“少阳，东也，东者，动也。阳气动物，于时为春。”故君子当审时气，节宣调摄，以卫其生。

正月立春，木相；春分，木旺；立夏，木休；夏至，木废；立秋，木死；立冬，木殁；冬至，木胎，言木孕于水之中矣。

岁时变常，灾害之萌也，余特录其变应于疾病者，分列于四时，使遵生者惧害，预防者慎自保，毋困时变。其他水旱凶荒，兵革流移，余未之信也，不敢录。

正月朔，忌北风，主人民多病；忌大雾，主多瘟灾；忌雨雹，主多疮疥之疾。忌月内发电，主人民多殃。七日，忌风雨，主民灾。忌行秋令，令主多疫。

二月，忌东北雷，主病，西北多疫。春分忌晴，主病。

三月朔，忌风雨，主多病。忌行夏令，主多疫。

脏腑配经络图

一脏一腑为表里，一经一络应阴阳。

肺手太阴　大肠手阳明　小肠手太阳

心手少阴　三焦手少阳　包络手厥阴

脾足太阴　胃足阳明　　肾足少阴

肝足厥阴　膀胱足太阳　胆足少阳

人身脉运于中，血气周流不已。三阳三阴之中，有阳明者，为两阳合明；厥阴者，为两阴交尽也。

经络配四时图

天时十二月，人身十二经，地支十二位。手经络应天，足经络应地。

春主生寅　手少阳三焦卯　手阳明大肠辰　手太阳小肠

夏主长巳　手厥阴心午　　手少阴心未　手太阴肺

秋主杀申　足少阳胆酉　　足阳明胃戌　足太阳膀胱

冬主藏亥　足厥阴肝子　　足少阴肾丑　足太阴脾

肝脏春旺论

肝属木，为青帝，卦属震，神形青龙，象如悬匏。肝者，干也，状如枝干，居在下，少近心，左三叶，右四叶，色如缟映绀。肝为心母，为肾子。肝有三神，名曰爽灵、胎光、幽精也。夜卧及平旦，叩齿三十六通，呼肝神名，使神清气爽。目为之官，左目为甲，右目为乙。男子至六十，肝气衰，肝叶薄，胆渐减，目即昏昏然。在形为筋，肝脉合于木，魂之藏也。于液为泪，肾邪入肝，故多泪。六府，胆为肝之府，胆与肝合也。故肝气通，则分五色，肝实则目黄赤。肝合于脉，其荣爪也，肝之合也。筋缓脉而不自持者，肝先死也。日为甲乙，辰为寅卯，音属角，味酸，其臭臊膻，心邪入肝则恶膻。肝之外应东岳，上通岁星之精，春三月常存岁星，青气入于肝。故肝虚者，筋急也；皮枯者，肝热也；肌肉斑点者，肝风也；人之色青者，肝盛也；人好食酸味者；肝不足也；人之发枯者，肝伤也；人之手足多汗者，肝方无病。肺邪入肝则多笑。治肝病当用嘘为泻，吸为补。其气仁，好行仁惠伤悯之情，故闻悲则泪出也。故春三月木旺，天地气生，欲安其神者，当泽及群刍，恩沾庶类。无竭川泽，毋漉陂塘，毋伤萌芽，好生勿杀，以合太清，以合天地生育之气。夜卧早起，以合乎道。若逆之，则毛骨不荣，金木相克，而诸病生矣。

二月，《家塾事亲》曰："是月采桃花未开者，阴干，百日，与赤桑椹等分，捣和腊月猪脂，涂秃疮，神效。"

三月，《月令忌》曰："勿食血并脾，季月土旺在脾，恐死气投入故耳。"

夏，《礼记》曰："南方曰夏，夏之为言假也，养之长之，假之仁也。"《太元经》曰："夏者，物之修长也。"董仲舒曰："阳长居大夏，以生育万物。"

《千金月令》曰："四月节内，宜服暖，宜食羊肾粥。其法：先以兔丝子一两，研煮取汁一两，滤淨，和面切煮。将羊肾一具切条，葱炒作臛食之，补肾，疗眼暗赤肿。""此月宜晚卧早起，感受天地之精气，令人寿长。”

《月令》曰：“四月十五日取浮萍一两，麻黄去根，桂心、附子炮去脐皮，各五钱，捣为末。每用一两药末，入生姜二片，葱头二个，煎至八分，热服，盖暖取汗，治时行热病。”

四月事忌，《摄生月令》曰：“四月为干，生气在卯，死气在酉，不宜用巳日时，犯月建，百事不吉。”又曰：“初九、二十五，忌裁制交易。”

五月，《问礼俗》云：“五月俗称恶月。”按《月令》仲夏阴阳交，生死之分，君子节嗜欲，勿任声色。

《月令图经》：“勿食浓肥，勿食煮饼。可食温暖之物。”

秋，《千金月令》曰：“秋分之日勿杀生，勿用刑，勿处房帷，勿吊丧问疾，勿大醉。君子当斋戒静专以自检。”

十二月，《多能鄙事》曰：“是月取乌鸦一二只，入瓶泥封固，烧为末。治一切痨瘦、骨蒸、咳嗽。米饮调下二钱，良。”

起居安乐笺

罗鹤林曰：“唐子西诗云：‘山静似太古，日长如小年。’余家深山之中，每春夏之交，苍藓盈阶，落花满径，门无剥啄，松影参差，禽声上下。午睡初足，旋汲山泉，拾松枝，煮苦茗啜之。随意读《周易》《国风》《左氏传》《离骚》《太史公书》，及陶杜诗，韩苏文数篇。从容步山径，抚松竹，与麛犊共偃息于长林丰草间，坐弄流泉，漱齿濯足。既归竹窗下，则山妻稚子作笋蕨，供麦饭，欣然一饱。弄笔窗间，随大小作数十字，展所藏法帖、笔迹、画卷纵观之，兴到则吟小诗，或草《玉露》一两段，再烹苦茗一杯。出步溪边，邂逅园翁溪友，问桑麻，说粳稻，量晴校雨，探节数时，相与剧谈一晌。归而倚杖柴门之下，则夕阳在山，紫绿万状，变幻顷刻，恍可入目。牛背笛声，两两来归，而月印前溪矣。味子西此句，可谓妙绝。然此句妙矣，识其妙者盖少。彼牵黄臂苍，驰猎于声利之场者，但见‘滚滚马头尘，匆匆驹隙影’耳，乌知此句之妙哉？人能真知此妙，则东坡所谓‘无事此静坐，一日是两日，若活七十年，便是百四十’，所得不已多乎？”

仲长统曰：“凡游帝王之门者，欲以立身扬名耳。而名不常存，人生易灭，优游偃仰，可以自娱，欲卜居清旷，以乐其志。论之曰：使居有良田广宅。背山临流，沟池环匝，竹木周布，场圃筑前，果园树后。舟车足以代步涉之难，使令足以息四体之役。养亲有兼珍之膳，妻孥无苦身之劳。良朋萃至，则陈酒肴以娱之；嘉时吉日，则烹羔豚以奉之。踌躇畦苑，游戏平林，濯清泉，追凉风，钓游鲤，弋高鸿，风于舞雩之下，咏归高堂之上。安神闺房，思老氏之玄虚；呼吸精和，求至人之仿佛。与达者数子，论道讲书，俯仰二仪，错综人物。弹《南风》之雅操，发清商之妙曲，逍遥一世之上，睥睨天地之间，不受当时之责，永保性命之期。如是则可以凌霄汉，出宇宙之外矣。岂羡夫入帝王之门哉？”

山谷四印云：“我提养生之四印，居家所有更赠君。百战百胜，不如一忍。万言万当，不如一默。无可拣择眼界平，不藏秋毫心地直。我肱三折得此医，自觉两踵生光辉。蒲团日静鸟吟时，炉熏一炷试观之。四休四印，老少富贫，无量无边，普同供养。”

倪正父《锄经堂》述五事：“静坐第一，观书第二，看山水花木第三，与良朋讲论第四，教子弟读书第五。”

齐斋十乐云：“读义理书，学法帖字，澄心静坐，益友清谈，小酌半醺，浇花种竹，听琴玩鹤，焚香煎茶，登城观山，寓意弈棋。十者之外，虽有他乐，吾不易矣。”

邵康节吟曰：“年老逢春雨乍晴，雨晴况复近清明。天低宫殿初长日，风暖林园未啭莺。花似锦时高阁望，草如茵处小车行。东君见赐何多也，况复人间久太平。”又云：“尧夫非是爱吟诗，诗是尧夫志喜时。明着衣冠为士子，高谈仁义作男儿。敢于世上明开眼，肯向人间浪皱眉。六十七年无事日，尧夫非是爱吟诗。”《击壤集》一编，老人怡神悦目，时可吟玩。公喜饮酒，命之曰太和汤，饮不过多，不喜太醉。其诗曰："饮未微酡，自先吟哦，吟哦不足，遂及浩歌。"所寝之室，名安乐窝，冬暖夏凉，遇有睡思则就枕。其诗曰："墙高于肩，室大如斗，布被暖余，藜藿饱后。气吐胸中，充塞宇宙。"闻人说人之善，就而和之，又从而喜之，语曰："乐见善人，乐闻善事，乐道善言，乐行善意。"晚教二子以六经，家素业儒，口未尝不道儒言，身未尝不蹈儒行。其诗曰："羲轩之书，未尝去手；尧舜之谈，未尝离口。当中和天，同乐易友。吟自在诗，饮欢喜酒。百年升平，不为不偶；七十康强，不为不寿。"老境从容，孰有如康节者乎？

陶彭泽性嗜酒，家贫不能常得。亲旧知其如此，或置酒招之，造饮辄醉而退，曾不吝情去留。环堵萧然，不蔽风日，短葛穿结，箪瓢屡空，晏如也。

《家语》曰："人有三死，而非其命也，乃自取也。夫寝处不时、饮食不节、劳逸过度，三者疾共杀之。"

饮馔服食笺

宋太宗命苏易简讲《文中子》，有杨素遗子食经"羹藜含糗"之说，上因问："食品何物最珍？"对曰："物无定味，适口者珍。臣止知齑汁为美。臣忆一夕寒甚，拥炉痛饮，夜半吻燥，中庭月明，残雪中覆一齑盂，连嘴数根，臣此时自谓上界仙厨鸾脯凤胎殆恐不及。屡欲作《冰壶先生传》纪其事，因循未果也。"上笑而然之。

洗心说

福生于清俭，德生于卑退，道生于安静，命生于和畅；患生于多欲，祸生于多贪，过生于轻慢，罪生于不仁。戒眼莫视他非，戒口莫谈他短，戒念莫入贪淫，戒身莫随恶伴。无益之语莫妄说，不干己事莫妄为。默，默，默，无限神仙从此得；饶，饶，饶，千灾万祸一齐消；忍，忍，忍，债主冤家从此隐；休，休，休，盖世功名不自由。尊君王、孝父母、礼贤能、奉有德、别贤愚、恕无识。物顺来而勿拒，物既去而不追。身未遇而勿望，事已过而勿思。聪明多暗昧，算计失便宜，损人终有失，倚势祸相随。戒之在心，守之在志。为不节而亡家，因不廉而失位。劝君自警于生平，可叹可警而可畏。上临之以天神，下察之以地只，明有王法相继，暗有鬼神相随，惟正可守，心不可欺。

简释：

高濂《遵生八笺》是明代万历年间的作品，理应放在王阳明之后、刘宗周之前。但因王、刘合在一起看，较能体现王学养生之旨，故把高濂移后。

高濂所显示的，不是理学家的思路，而是一种混杂道教思想且有文人趣味的养生观。对一般人来说，宋明理学家之养生学，较具“圣人相”，可说是只教人成圣。能成圣，自然就能寿。寿考是由成圣带出来的，非正面针对养生而说。高濂就没有那么重的理学气、圣人相。

他工于诗词戏曲，又作有多本花谱，只因体弱多疾才喜欢研究养生之学，故本书乃是专就养生而说的。当然最终所说的养生方法仍是“教人修身、正心、立身、行己无所欠缺、为圣为贤、成仙成佛，皆由一念做去”，与理学家所言并无大异；但因是由养生讲，因此确实较易让人接受。

全书分为八部分，故称八笺：清修妙论笺、四时调摄笺、起居安乐笺、延年却病笺、饮馔服食笺、燕闲清赏笺、灵秘丹药笺、尘外遐举笺。

其中《清修妙论笺》是作者阅读时的摘录，收名言确论250余则，全为养生格言，对人多有教益。跟我这本书摘录的言论可相发明。

他有明代常见的三教合一论倾向，但这种合一，是把佛教、道教合到儒家心性论的路数。故他论养生，由《易》之颐卦、《书》之无逸、《论语》之乡党讲下来，其中引用儒家典籍甚多，文字甚美，多可以作格言读。我选了其中偏于儒家的部分，佛道部分则未收。

这部分可算是理论篇，其后论四时调摄等便多属实务。

《四时调摄笺》大体沿循着《礼记·月令》的路子，教人如何四季养生。且分春、夏、秋、冬四卷，教人四季怎么玩。如说杭州，春时幽赏：孤山月下看梅花，八卦田看菜花，虎跑泉试新茶，西溪楼啖煨笋，保俶塔看晓山，苏堤看桃花。夏时幽赏：苏堤看新绿，三生石谈月，飞来洞避暑，湖心亭采莼。秋时幽赏：满家巷赏桂花，胜果寺望月，水乐洞雨后听泉，六和塔夜玩风潮。冬时幽赏：三茅山顶望江天雪霁，西溪道中玩雪，雪后镇海楼观晚炊，除夕登吴山看松盆，尤可以移情。可见此君是个极懂生活情趣的人。依他所述，你就知道：一个懂得养生的人也是个有美感的人。

其中脏腑配经络配四时，是传统五行配置加上了医家经络说。

中国医学，在宋元之后，由“道医”渐渐转为“儒医”。儒者重视医术，除了自己要养生之外，更与孝亲之实际需求有关，金张从正《儒门事亲》可为代表。认为“医家奥旨，非儒不能明；药品酒食，非孝不能备。为人子者，不可不知医”，故医学与儒学形成紧密的联结。明清医家多是儒者，即由于此。如明末大医家傅青主，本是儒生，明亡才出家当道士；清朝的薛雪则着有《一瓢诗话》；近代儒者如章太炎亦最自负其医学，认为造诣在其经学之上。医儒济世，竟成一大传统。高濂所引《月令本草》也属于这种医儒相合之学。

《延年却病笺》引用了许多古代导引、气功文献，在调养五脏方面论述甚详，还收录3253种饮食方和24种日常保健药方，蔚为大观。另外尚有《修养五脏坐功法》《治百病坐功法》《八段锦导引法》等，都非常实用。

《灵秘丹药笺》收录医药方剂百余种。

《起居安乐笺》介绍了作者淡泊明志、寄情山林的起居安乐观。

《燕闲清赏笺》寓养生于赏鉴清玩，以陶冶性情。其中《瓶花三说》论“瓶花之宜”“瓶花之忌”与“瓶花之法”，是世界上最早的插花艺术论著。其他还广泛论述收藏与鉴赏铜器铸造、陶瓷名窑、藏书、碑帖、古玉器、雕漆器皿、纸墨笔砚、琴棋、文具等，品评、鉴别等。论香，又列出近八十种香，按不同美感，归为幽闲、恬雅、温润、佳丽、蕴藉、高尚六格。

因此我认为这是一本最适合一般人的养生清修之书。

马一浮养生四诀

食要少：

甘淡薄，远厚味，随分有节，不贪不过，此却病之要。

睡要早：

以时宴息，身心轻安，不昏不昧，不杂不扰，此养气之要。

心要好：

常存爱人，不起嗔恚，与物无忤，自保太和，此调心之要。

事要了：

“了”有二义。一“了”达义，谓洞达人情，因物付物，无有滞碍。二“了当”义，谓敏于作务，事至立办，无有废顿，此治事之要。

世之善言养生者多矣，今卑之无甚高论。四事虽浅而易知，然行之有常，亦可得少受用。智者或不以其近而遗之。

简释：

宋明以后，儒者论养生，多走三教混合的路子。这跟整个中国文化的大趋势有关，非个人好恶问题。

由于混合本身就是一种发展，故若只从儒者一家之义理的角度看，清代儒者论养生，也可说并无什么发展，延续着明朝理学、心学或高濂这类审美情趣的路子而已，否则就混融于佛道。佛道教的情况也一样，与儒相杂。

因此我就不再选录清儒话语了，仅以民国期间马一浮之说垫尾。

马先生讲宋明理学、办书院，乃近代著名儒者。但他讲儒学时虽多融会儒佛，论养生却又纯乎儒者之言，很有特点。且简明扼要，便于行持，故录出以供参考。

马先生也是儒医，常替人开药方治病。本身亦高寿。若非遭逢“文革”批斗，当能活得更久些。不过，君子寿世，在其贡献，而非年命有多长。如是一堆垃圾，堆在那里，就还真不如早早朽坏了为好。儒者养生，当知此义。否则养来养去，自己以长寿自矜，别人却皆感叹你为何还不去死，那又何必？

第五章　养生答疑

问：龚先生说了这么多知识，看的人，会更加昏乱的。

答：养生的问题本来就复杂，想细究的人当可细看。若不想细究，则“致中和”或“仁者寿”三字足矣。

问：《大学》讲正心诚意，《孟子》说不动心，《易经》说洗心、斋戒，艮卦说动静不失其时，荀子说治气养心莫径由礼等，都是较古老的儒家养生修心的传统。可能是后来的儒者吸收了佛道的养生修心的方法，如朱熹就说跏趺静坐，目视鼻端一类话。老师讲静坐的方法就很像禅宗《证道歌》“行亦禅，坐亦禅，语默动静体安然”“在欲行禅知见力，火中生莲终不坏”一类话。当然儒佛在修心宗旨上是绝不相同的。是不是因为儒家具体讲养生的方法很少，所以后来的儒家从方法上要吸收佛道的方法呢？艮背法是不是也是出于后来儒家的解释呢？

答：不然，中国人所知的具体养生之法，其实大部分来自儒家（合四时、调阴阳、配五行、节嗜欲、治心气、慎饮食、安起居、理动静、和人我等都是），小部分出于道家道教，受佛教影响者很小。

而且中国的佛教，本来就是吸收儒道而成的，与印度并不相同，禅宗尤其如此。所以不应说儒者吸收了佛道的养生修心的方法，而应明白佛教之谈养生，本来就是它中国化了的结果。养生，是只有中国人才说的。

问：不对吧？外国人难道不养生？

答：有些民族，会把女人的头剃光，或把女人脖子箍细，或让女人把耳朵扯长了垂到肩头，或者用木盘将女人的嘴唇撑大，因为他们认为这样才美。

美的认定，各民族不同。对生命本身，态度亦然。

有些民族视死如归，谓此乃回归祖先、生命根源之举，故死不但不可怕，反而是人所向往期盼之事。有些民族把死亡当做机会，认为生命本属错误，本身就源于罪恶，唯有死后才能再回到净纯无瑕之域，所以死后会更好。有些民族把死亡看成暂时的休息，如人入睡一般。睡着的人，明天就会醒来，死人也一样，时间到了便可复活。另有些民族则说，不，不是复活，是死人把这躯壳抛下，灵魂转去他处，另寻一躯体，轮回转生了……

凡此种种，态度各异。基督徒、佛教徒、埃及人、阿拉伯人等之所以不同，正由于彼此之生命观大异，比对审美的问题分歧更严重。

生命观不同，如何活、如何死也就不一样了。例如埃及人，活着时可能最重要的大事就是为将来复活做准备，人死了，制成木乃伊，以待复活。基督徒活着时最要紧的，却是忏悔，反省生命本质性的罪恶，以期待死后能重返上帝的怀抱。佛教徒以生为苦，整天想着要解脱，但死了并未解脱，只是轮回到下一世去继续受苦。这也非是了局，故要想办法修炼，达到涅盘的无生境界。若能不生，自然也就不死了。

中国人跟他们都不同。生命怎么会是苦、是罪恶的呢？我们说：天地之大德曰生，崇拜生生不息之生机。认为人得此天地宇宙之生机而生，所以生是幸福的、快乐的、符合天地本性的；死亡则是生的反面，一旦生机断绝，一切就都完了。

因此天地不能死，人也不能死。人死了，没什么轮回或复活，一切也都完了。

可是人终究是会死的。我们看不到天地的尽头，却常见得着人的死亡。人死时，生机断绝、亲友悲泣，一切名利所有俱归尘土，化为乌有，多么可怕呀！因此，我们有哀伤的挽歌《阳阿》《薤露》，以悼送亡者。我们也有一大堆教人如何长养生命、勿自速其死的言论，教人珍惜其生，长生无极。

所以说，养生文化是中国独有的，与埃及、希腊、基督教、佛教文明迥然不同。

因为彼此生命观之根源处即不一样，那些以生为苦的、以生为罪的人，养生干什么？

许多人搞不清楚，以为中国人所谈养生功法多来自佛教，不知佛教贵解脱而非养生。是汉传佛教在中国文化这大环境里，发生了变化，由原先在印度讲究“苦、寂、灭、道”的佛教，渐渐转为中国式“常、乐、我、净”的佛教。

生是空、生是苦，在中国佛教界，仅具有一种话语饰词或套话之性质，谈养生倒是越来越为热切。在世俗佛教界，这个特征尤其明显，把原先的修禅解脱法门通通当成了养生方法来讲。社会上有许多养生类的善书，都是佛教徒印的。

民国二十年（1931）左右，熊十力先生与支那内学院吕澄诸先生关于儒佛分际之争论，只谈了中国人伪经伪论、中国人信的教义是否符合印度原旨等问题，而尚未道及中国人生命观对于佛教之转化。我此处所说，或可做一个小补充。

问：老师讲静坐好像用了佛教的方法呐。

答：不，恰好相反，重在区分儒佛。谈的是真正的儒家之法，大异于佛家，请细看。

附录一　养心、养气、静坐

二程在儒家工夫论史上的一大贡献，乃是他们提出静坐的法门，并以“观喜怒哀乐未发前气象”作为静坐时参悟的架构。

我们都知道，“喜怒哀乐之未发，谓之中”此语出自《中庸》，“喜怒哀乐”是情，情感未起前的心灵到底是诸情潜伏的潜意识状态，还是诸情融而为一的气之流行状态，或是其“未发”可以深入到超越层的性天境界？程颐、朱子对此皆曾苦参中和，并且和学生反复讨论。“参中和”是许多儒者在求道途中碰到的最难过的铁关，但此关一过，报酬亦极大。我们的重点不在“静坐”与“观喜怒哀乐未发前气象”究竟如何，但这两个概念都和本文“养气”或“变化气质”的思想有关，所以不得不随文涉及讨论。

关联的核心处在于心与气的关系。喜怒哀乐是情，“情”是“心”的分化，但情或心也是气。朱子对心的定义是“气之灵”，此定义甚为重要，我们如果不考虑气是形下或是圆融的作用这样的歧义，朱子对于心的定义可视为理学的通义，程朱陆王皆不例外。既然喜怒哀乐底层也是气，所以参喜怒哀乐未发前的气象，也就是参心气之间的关系。程子答“导气者”之问，说自己没有什么修炼之术，只是“节嗜欲，定心气”而已。“定心气”其实就牵涉到“养气”与“养心”的问题，程门的静坐法，其焦点即集中在情感底层模糊暧昧的心气交合处。

二程虽最早提出静坐及“观喜怒哀乐未发前之气象”的方法，但两人对其间的细节着墨甚少。然而，他们的弟子及再传弟子依此修行，颇著成效，朱子的老师李侗（延平，1093—1163）就是最成功的一个例子。

李侗继承二程—杨时（1053—1135）—罗豫章（1072—1135）一脉

相传的静坐法，于静坐中观喜怒哀乐未发前之气象。

我们都知道，只要静坐，免不了就要从调气调息入手，让呼吸与生命节奏同拍。李侗极好静坐，静坐之后，气质大变，养得个性如同冰壶秋月，一片晶莹。他说静坐要到达如下的境界：

> 解会融释，不见所谓气，所谓心，浑然一体流浃也。到此田地，若更分那个是心，那个是气，即扰攘尔。（李侗撰，朱子编《李延平先生文集》）

他的学生朱子更进一步解释道："及其充积盛满，睟面盎背，便是塞乎天地气象，非求之外也。如此则心气合一，不见其间。心之所向，全气随之。"（李侗撰，朱子编《李延平先生文集》）静坐到最后，心气同流，无法析辨，连形躯也都彻底改变其性质，生理的结构与心气的流行合一。在静坐的过程中，调心与调气恐怕都免不了。换言之，养气还是门独立而有效的法门。只要儒门还想保留静坐的传统，"养气"就不可能是多余无用的盲肠。

理学家当中，防范异端之严，无过于朱子。但最重视静坐及相关法门者，亦无过于朱子。朱子对先天图、内丹、炼气皆甚感兴趣，这是相当值得体玩的。他写信给朋友道：

> 病中不宜思虑，凡百可且一切放下，专以存心养气为务。但跏趺静坐，目视鼻端，注心脐腹之下，久自温暖，即渐见功效矣！（《朱熹集》）

我们再看他底下所说何事：

> 鼻端有白，我其观之。随时随处，容与猗猗。静极而嘘，如春沼鱼；动极而翕，如百虫蛰。氤氲开辟，其妙无穷。（朱熹《调息箴》）

这两段话如果不是养气，还会是什么！前一条或许还可说是为了治病，后一条则明显的是平日修养的工夫。对后世比程朱还程朱的程朱派学者而言，这样的文字不晓得有多令人头痛——或许说“心痛”更恰当——他们恐怕很难接受“千秋朱紫阳”竟然也有观鼻端之白、注心脐腹这类的行为。

朱子的《调息箴》绝不是特殊的例子，朱子对方外之学的兴趣比我们想象中的浓多了。也许论者可以反驳道：朱子所以会重视静坐、养气，这可能和他对周敦颐、邵雍的学问相当重视有关。但我们怎么理解：心学中人对“养气”亦不忽略呢？明代心学的开创者是陈献章（白沙，1428—1500），我们且看他底下的两首诗：

半属虚空半属身，絪缊一气似初春。
仙家亦有调元手，屈子宁非具眼人。
莫遣尘埃封面目，试看金石贯精神。
些儿欲问天根处，亥子中间得最真。

不着丝毫也可怜，何须息息数周天。
禅家更说除生灭，黄老惟知养自然。
肯与蜉蝣同幻化，秖应龟鹤羡长年。
吾儒自有中和在，谁会求之未发前。

（《夜坐》两首，《陈献章集》）

这两首诗是描述静坐的风光，两首诗所述正是心气同流的化境，我们单看他所用的典故，也可知道陈白沙的静坐法门与“调气”——包含外气与先天之气——有关。正因陈献章的“心学”注重静坐体证，而且其体证强调形气神融通为一——他这方面的观点还是继承二程所传“观喜怒哀乐未发前气象”而来——所以他描述自己的体证境界时，说道：“终日干干，只是收拾此理而已。此理干涉至大，无内外，无终始，无一处不到，无一息不运。”（《陈献章集》）这种体证的境界甚注重生机活泼的元气运行，此理“无一息不运”，这样的语言也可以说是“不见所谓气，所谓心，浑然一体流浃也”。

陈献章的心学脱离不了“养气”的过程，更进一步，我们不妨说：心学传统的学者一样脱离不了“养气”。底下，我们仅再举王畿（龙溪，1498—1583）为例。

我们都知道：王学中人大概都强调此心的先天工夫，不假后天人力，王畿的立场尤其明显。我们如果说他是所有理学家中最注重从混沌中立根基、即本体即工夫的上上之根，亦不为过。然而正是王龙溪本人，他却撰有工夫始教的《调息法》，此文说：息有四相，四相中的风、喘、气为不调之相，息则为调相，“欲习静坐，以调息为入门。使心有所寄，神气相守”（《王龙溪语录》）。如果连王龙溪都主张借由调息，以神气相守。我们可以预期：理学家只要讲求静坐，只要有性命之学的要求，那么，借着调气、调息，安宁此心，使神气相守，这是不可免的。

养气以养心，此义不仅见于二程之后的理学家，二程之前的邵雍早就有“养气”的实践工夫，而且，其层次已到了相当高的境界，我们且看底下二首诗：

> 宇宙在乎手，万物在乎身。绵绵而若存，用之惟有勤。（《宇宙吟》）
>
> 握固如婴儿，作气如壮士。二者非自然，皆出不容易。
>
> 心为身之主，志者气之帅。沉珠于深渊，养自己天地。（《摄生吟》）

两首诗探讨的都是炼气之事，而且，其内容应当接近于心气同流的层次。邵雍虽被视为闲道人，以象数之学名家，其思想其实仍有与正宗的心学合拍的一面。他对“养心”“养气”的关系皆不陌生，他强调要“绵绵而若存，用之惟有勤”“沉珠于深渊，养自己天地”，这绝不是可以忽略的讯息。

我们突显“养气”有相对独立的工夫论意义，这不表示我们反对“养气实即养心"之说，从孟子以降，我们看到儒门谈养气问题时，首重道德意识的发扬，这是儒门工夫论的主轴，这当中的意义是极为重大的。但我们也不宜忘了，从孟子开始，我们谈到尽心、扩充、求放心等所谓的心性工夫时，我们自然会想到"夜气""平旦之气"这类的内在身体的概念，它们既是构成"身体"的有机成分，但显然也具有道德的涵义。"夜气"一词，隐约之间，还令我们联想到《楚辞·远游》的"一气孔神兮，于中夜存"，以及后世养生家一再耳提面命的亥子时辰的修炼理论。孟子针对"心""气"的关系，提出"志至焉，气次焉"及"志一则动气，气一则动志"，这两个命题非常重要。我们不妨再重述前面的论点：只要这两个命题成立，那么，"养气"也就具有相对独立的意义，它是"养心"的辅助项，也是"身心修养"此概念的身体面相。

和道教显性的炼气、养气传统比较下，理学家的"养气"工夫未免小儿科，规模小多了。但谈得少，不表示做得少。理学家由于担心谈"养气"谈多了，会误导学者，所以他们确实在言辞上较矜慎，但既然他们大都要调息、静坐、观想，所以气不炼、不养也不行。明儒邹元标（1551—1624）说工夫有两种：

有因持志入者，如识仁则气自定。有由养气入者，如气定则神自凝。又有由交养入者，如白沙诗云："时时心气要调停，心气功夫一体成，莫道求心不求气，须教心气两和平。"（邹元标《会语·南皋先生文集》）此是先辈苦功语。

邹元标到底是王学大家，其总结一语中的，再无余蕴矣！

杨儒宾

附录二　儒家的性学与心性之学

比德男女

性学与心性之学，这个题目，乍看之下好像故意在开玩笑，其实不然。它是理解儒学的重要进路，而且早在孔门中即已詈言之矣。

《论语》第一篇《学而》就载子夏之言曰："贤贤易色；事父母能竭其力；事君能致其身；与朋友交，言而有信，虽曰未学，吾必谓之学也。"这里论四件事，均为贤贤易色之表现，故孔注说："以好色之心好贤则善。"这是推广之意，谓人若能像好色那样好贤就太好了。孔子也说过同样的话，《子罕篇》载："子曰：吾未见好德如好色者。"可见孔门之学，目的之一，就在于让人能如好色那样好德。

贤贤易色的"易"字，当然还可有另外一解，解为改易，改换之易，如邢昺《疏》说："女有姿色，男子悦之。人多好色不好贤者，能改易好色之心如好贤则善矣。"从这方面看，好色之心是须转换改易的。教人以好德替代好色。①

前者乃推拓模拟。以人皆好色，推而广之，令人亦能好德如好色。后者则有贬抑好色、教人改而好德之意。在先秦两汉，儒学盖以前者为主。

如《大学》说："诗云：桃之夭夭，其叶蓁蓁，之子于归，宜其家人。宜其家人，而后可以教国人。"《中庸》说："君子之道，譬如行远必自迩，

---

① 还有一种解释，把"贤贤易色"解释为：见到贤人应改变我们的态度颜色。但朱熹曾批评此说太浅："变易颜色，有伪为之者。不若从上蔡说，易其好色之心，方见其诚也""易色，须作好德如好色说。若作变易颜色，恐里面欠了字多"（《语类》卷廿一）。今亦不采此说。

譬如登高必自卑。诗曰：妻子好合，如鼓瑟琴。兄弟既翕，和乐且耽。宜尔室家，乐而妻孥。”都是说男女好合，家室之乐，推而广之，即可和乐于天下的。男女之道不但不是罪恶，不须忏悔，更应发扬，予以推广。此所以《孟子》载：

> 齐宣王曰：“寡人有疾，寡人好色。”对曰：“昔者，太王好色，爱厥妃。《诗》云：‘古公亶父，来朝走马，率西水浒，至于岐下。爰及姜女，聿来胥宇。’当是时也，内无怨女，外无旷夫。王如好色，与百姓同之，于王何有？”（《梁惠王篇下》）

好色乃人情之常，人莫不好色，所以也不必以此为“疾”。可是重点是要能推广，让天下人都能满足其色欲，内无怨女、外无旷夫。儒家论王道，本来就很强调应满足老百姓食色之需，故《礼记·礼运》说大同之世：“男有分、女有归。”孟子说：“明君制民之产，必使仰足以事父母，俯足以畜妻子。”（《梁惠王下》）此处孟子对齐宣王问，也以推广为说。

由这里，才能理解子夏所说贤贤易色那一段。他说：“贤贤易色；事父母能竭其力；事君能致其身；与朋友交言而有信。虽曰未学，吾必谓之学矣。”事父母之孝、事君之忠、与朋友交之信，都是由男女夫妇好合这一点推类出来的，所以分叙在“贤贤易色”之后。这种思考方式，与《中庸》类似。夫妇之道，乃是儒家考虑整个人伦关系的基点。

所谓“人伦肇端于夫妇”，推夫妇之理以及于宇宙人生、国家社会。最明显的例证，当然是《周易》。

易以道阴阳，男女雌雄，交感变化，为其内容。故其中之性意象至为丰富。例如《系辞传》说乾之静也专，动也直；坤之静也闭，动也辟，故能大生广生。又说：“天地絪缊，万物化醇，男女媾精，万物化生。”“乾坤，其易之门耶！乾，阳物也，坤，阴物也。阴阳合德，而刚柔有体。”《说卦》云：“乾，天也，故称乎父。坤，地也，故称乎母。震，一索而得男，故谓之长男。巽，一索而得女，故谓之长女。坎，再索而得男，故谓之中男。离，再索而得女，故谓之中女。艮，三索而得男，故谓之少男。兑，三索而得女，故谓之少女。"《序卦》说："有男女然后有夫妇，有夫妇而后有父子，有父子而后有君臣，有君臣而后有上下，有上下然后礼义有所错。夫妇之道，不可不久也……"

整部《周易》，被儒家理解为依男女媾精之原理而建构的体系。乾，取象于男根，故静垂动直。所谓其静也专，专即团，案《后汉书·张衡传注》曰"团，圆垂貌"，《文选·思玄赋注》曰"抟抟，垂貌"均可证。坤则取象于牝户，故静翕动辟。八卦，就是依男女媾精而生男育女，设想为父母与子女们。一索再索，八卦遂为八索，索，即古"九丘八索"之索。索，马融注"索，数也"，这是以数蓍草为说，不确。《说文》曰"索，草有茎叶可作绳索"，有延续的意思。男女交合，生化后代，一索再索三索，乃成家庭，有父子矣。诸家庭再合而为社会，乃有君臣上下，所以说人伦造端于夫妇。

易卦，又以龙象乾。飞龙在天，"云行雨施，天下平也"。此亦性意象。后世谓男女交合为云雨、谓男子施精为洒雨露，均本于此。卦象又以牝马象坤；以婚媾说屯卦，因男女始交，女子难产，故可以形容屯邅之状。泰卦，六五卦辞则说："帝乙归妹，以祉，元吉。"阴阳交泰交感，所以用嫁娶来比喻。剥卦六五更以帝王临幸为说，云："贯鱼以宫人宠，无不利。"反之，大过卦九五，讥老妻少夫："枯杨生花，老妇得其士夫，无咎无誉。"本无贬意，但《象传》说："枯杨生花，何可久也？老妇士夫，亦可丑也。"咸卦，却是男女感悦之卦，以男女交感，说"天地感而万物化生"。大壮卦，以阳盛为壮。睽，说"二女同居，其志不同行"，必须男与女，才能"男女睽而其志通"。姤，上干下巽，亦阴阳交媾之象。革，又说"二女同居，其志不相得"。渐卦，亦云"女归，吉"，若"夫征不复、妇孕不育，凶"，丈夫出去不回来，妇女怀孕不育，都是未能化生，故不吉。归妹之彖又曰："归妹，天地之大义也。天地不交，而万物不兴。归妹，人之终始也。"①

---

① 胡朴安《周易古史观》认为贲卦是男女会聚，结为夫妇之事；咸卦是男女正式婚姻之事；桓卦是夫妇正居之事；睽卦是一夫多妻之家庭乖睽之事；姤卦是婚媾往来之事；归妹卦是殷贵族之女，归于男家之事（见其自序一）。与我此处所释颇不相同，读者互参。

这些卦爻辞及彖象传，莫不鼓励并赞美婚媾，且以男女交媾的原理推类及于天地万物。也许这是上古生殖崇拜遗留或转换的遗迹，被保留在这部古老的典籍里，或许这根本就是儒家有意选择并保存这类文献。而且在《十翼》的说解中，处处坐实了男女之事的解释，可以证明它是有意如此解说，而其说义方式亦正与《中庸》《大学》相符。

朱熹注《孟子》时，对于孟子与齐宣王论好色那一段，说“钟鼓苑囿游观之乐，与夫好勇好货好色之心，皆天理之所有，而人情之所不能无者”，又说“孟子与人君言，皆所以扩充其善心”“是大王好色而能推己之心以及于民也”。

这种不以好色之心为罪恶、不以为人能无好色之心、谓好色之心亦为天理又主张扩充之观点，在社会理论方面，使人人能遂其食色之需，无旷男怨女，以成王道；在存有论及伦理学方面，以男女交感、夫妇和合，为一切秩序之基础，由此以讲礼义、讲治国平天下。无一不与佛教、基督教相反，自成一独特的义理形态。

乐而不淫

说它独特，是说儒家学说立基于男女性事上，由此展开它整套存有学、伦理观及政治理论。男女媾精、阴阳施化、一索得男、天地交泰，这些语词与观念，明著于圣典，举以为教、传习讽诵之。这在其他几大文明中是不常见的。在我们亚洲儒家文化圈中，或以此为相沿已久之传统，不免习以为常。但与佛教、基督教相比，即可见此事之不寻常。起码从今天的情况来设想：中国古代人自童蒙时代读这些经典，就整天在讽诵男女媾精，阴阳交感；观象玩辞，也整天在想着如何夫妇匹配、一索得男，不也还是会觉得很怪吗？①

---

① 胡朴安《周易古史观·自序一》提到他十三四岁读书时，问塾师道：“男女媾精，万物化生，岂非圣经之言乎？精究竟是何物？如何媾法？既媾之后，何以能化生万物？”塾师气极不言。这个故事，正好显示了冬烘先生道学家在面对儒家典籍时的尴尬处境。

或许我们会说“易以道阴阳”，其性质本来如此，不能以之概括整个儒学。但若如此，则我们不妨来看看《诗经》。

诗三百之本来面目，或许是本之风谣，或许是朝庙乐章；但是，在儒家的解释系统中，它非常清楚地，是以男女情欲问题为基点，推拓以言王道教化的。犹如《易》本为卜辞，而儒家解释系统却以男女交媾、万物姻媪论人文化成。

何以见得?《诗经》以国风《周南》《召南》开端，是所谓“诗始二南”，其重要性可知。但《周南》十一篇，据汉儒之说，其中倒有八篇在谈后妃之事。剩下三篇，《麟趾》言《关雎》之化，仍是讲后妃;《汉广》《汝坟》亦说文王教化，令男女夫妇相得者。总之都是在谈这档子事[1]。而《周南》始于《关雎》,《召南》始于《鹊巢》，也是说后妃的，其余则略如《周南》。依《仪礼·乡饮酒礼》郑玄注，此又均为房中乐。为何夫子返鲁，雅颂各得其所，而《诗经》编次，乃以房中乐冠首？且以《关雎》《鹊巢》为始？汉儒解释道：

> 子夏问曰：“关雎何以为国风始也？”孔子曰：“关雎至矣乎！夫关雎之人，仰则天，俯则地。幽幽冥冥，道之所藏；纷纷准准，道之所行；如神龙变化，斐斐文章。大哉关雎之道也！万物之所系，群生之所悬命也。河洛出图书，麟凤翔乎郊；不由关雎之道，则关雎之事将奚由至矣哉？夫六经之策，皆归论汲汲，盖取之乎关雎。关雎之事大矣哉！冯冯翊翊，自东自西，自南自北，无思不服。子其勉强之，思服之！天地之间，生民之属，王道之原，不外乎此矣”。子夏喟然叹曰：“大哉关雎！乃天地之基也。”《诗》曰：“鼓钟乐之。”（韩诗外传·卷五）

---

① 《近思录》卷六：“人‘不为周南召南，其犹正墙面而立’，常深思此言诚是。不从此行，甚隔着事。向前推不去。盖至亲至近，莫甚于此，故须从此始。”《朱子语类》卷四七：“亚夫问：‘不为周南召南，其犹正墙面而立。’朱子曰：‘不知所以修身齐家，则不待出门，便已动不得了。所以谓之正墙面者。谓其至近之地，亦行不得故也。’”均认为《周南》《召南》谈的是婚姻男女齐家之事，且对此事极为注重。

> 夫男女之盛，合之以礼，则父子生焉、君臣成焉，故为万物始。(《列女传·魏曲沃负篇》)
>
> 易基乾坤，诗首关雎，夫妇之际，人道之大伦也。(《汉书·外戚传》)
>
> 后妃之制，夭寿治乱存亡之端也。是以佩玉晏鸣，关雎叹之。知好色之伐性短年，离制度之生无厌，天下将蒙化陵夷而成俗也。(《汉书·杜钦传》)
>
> 家室之道修，则天下之理得，故诗始国风，礼本冠昏。始乎国风，原性情而明人伦也；本乎冠昏，正基兆而防未然也。福之兴，莫不本乎室家；道之衰，莫不始乎阃内；故圣人必慎后妃之际，别适长之位。又曰：臣闻之师曰：匹配之际，生民之始，万福之原。昏姻之礼正，然后品物遂而天命全。孔子论诗，以关雎为始，言太上者民之父母，后夫人之德不侔乎天地，则无以奉神灵之统，而理万物之宜。故诗曰："窈窕淑女，君子好逑"。言能致其贞淑，不贰其操。情欲之感，无介乎容仪；宴私之意，不形乎动静；夫然后可以配至尊而为宗庙主。此纲纪之首，王教之端也。(《汉书·匡衡传》)
>
> 夫妇之道，参配阴阳，通达神明，天地之宏义、人伦之大节也。是以礼责男女之际，诗着关雎之义。(《班昭·女诫》)
>
> 夫妇，人伦之始，王化之端。阳尊阴卑，盖乃天性。且诗初篇，实首关雎；礼始冠婚，先正夫妇。(《后汉书·荀爽传》)

男女情欲性交，非但不是见不得人的事，反而是极伟大、极重要的，为万物化生的本原。这情欲与性交是否能适当地处理，合体合宜，则是一切秩序是否合宜的基础，所以汉儒讲得如此郑重。在他们具体论诗时，对情欲处理得宜者，赞美歌颂之；对其处理不宜者，则讥之刺之。此即称为"美刺说"，是汉儒解经的主要方法与内容。

《韩诗外传》卷一："精气填溢，而后伤时不可过也。不见道端，乃陈情欲，以歌道义，诗曰：静女其姝，俟我乎城隅。爱而不见，搔首踟蹰。"《说苑·辨物篇》也有同样的讲法。谓男子长大以后，精囊中精液填盈，自然就会想去找女人。此时王者教化，即应注意让他匹配及时，否则就会“失时”，令男子怨望。像此诗就是人在看不见王道之端时自陈情欲的怨诗。

男子如此，女人也一样，《易林》师之同人说：“季姬踟蹰，结衿待时，终日至暮，百两不来。”此即所谓“少女怀春”。男找不到女，搔首踟蹰，女找不到男亦然。这样就会成为旷男怨女。王者之政，则必须要能消除旷男怨女。能办得到，诗家美之；办不到，诗家刺之。

美诗。如毛《序》说：“《桃夭》，男女以正，婚姻以时，国无鳏民。”“《摽有梅》，男女及时也，召南之国被文王之化，男女得以及时也。”蔡邕《协和婚赋》：“《葛覃》恐其失时，《摽梅》求其庶士。唯休和之盛代，男女得乎年齿。”这是赞美及时的。

反之，毛《序》说：“《有狐》，刺时也。卫之男女失时，丧其妃耦。古者国有凶荒，则杀礼而多婚。”“《野有蔓草》，思遇时也，君之泽不下流，民穷于兵革，男女失时。”“《绸缪》，刺晋乱也，国乱则婚姻不得其时焉。”“《东门之杨》，刺时也。婚姻失时，男女多违。”“《雄雉》，刺卫宣公也。淫乱不恤国事，军旅数起，大夫久役，男女怨旷，国人患之。”这些都是刺，批评因荒凶、兵革、乱政等种种原因造成的男女失时怨旷现象。

在年荒、战乱、政治混乱的时代，男女之事不但容易失时，更常见其淫乱失礼。故毛《序》说：“《野有死》，恶无礼也。天下大乱，强暴相陵，遂成淫风。”“《匏有苦叶》，刺卫宣公也，公与夫人并为淫乱。”“《桑中》，刺奔也，卫之公室淫乱，男女相奔。至于世族在位，相窃妻妾，期于幽远。政散民流，而不可止。”“《氓》，刺时也，宣公之时，礼义消亡，淫风大行，男女无别，遂相奔诱。花落色衰，复相弃背。或乃因而自悔，丧其妃耦。故序其事以风焉，美反正，刺淫佚也。”“《东门之墠》，刺乱也，男女有不待礼而相奔者也。”“《出其东门》，悯乱也。公子互争，兵革不息，男女相弃。”（论《溱洧》亦同）“《东方之日》，刺衰也。君臣失道，男女淫奔，不能以礼化也。”

这些淫佚现象，或因主政者自己就乱七八糟，知《毛传》说卫国公室在宣惠之世，相窃妻妾。这样，社会上的风俗当然也就不堪闻问了。有时，则是由于主政者不注意，或时代衰乱不暇顾及，男女之事也会淫乱[①]。

乱不乱，是以合不合礼义来判断的。例如女子私奔、“少女怀春，吉士诱之”的诱奸、做母亲的家里有七个小孩还出去跟男人幽会、做国君的与臣子的老婆私通、王妃又与别国国君通奸、淫自己妹妹等都是。儒家是主张满足人之情欲、让男女能正常性交的；但应“乐而不淫”，要“发乎情止乎礼义”，所以又批判此类淫乱之风。

《毛传》论《竹竿》说“舟楫相配，得水而行。男女相配，得礼而备”，很能表明儒家的想法。礼，是“因人之情而为之节文”(《礼记·坊记》)，它是顺人之情而制定的，为的是满足情之需求，故它与情的关系是相配合以使其圆满。若男女相爱，又能举行婚礼以成全并保障两个人的关系，不是比较圆满吗？这时礼既顺应了情的需求，又对情有所调节。因为既已婚配，男女之性欲便不能不受这婚姻之礼的节制，有所约束。所以礼有两面性，既成就性欲，也节制了性欲，《韩诗外传》卷二载：

> 孔子曰：口欲味、心欲佚，教之以仁。心欲安、身恶劳，教之以恭。好辩而畏惧，教之以勇。目好色、耳好声，教之以义。《易》曰“艮其限，列其寅，危熏心”，《诗》曰“吁嗟女兮，无与士耽”，皆防邪禁佚，调和心志。

孔子讲的就是指礼对欲望的调和节制。此称为调节，又称为调济。《后汉书·荀爽传》说“阳性纯而能施，阴体顺而能化，以礼济乐，节宣其气，故能丰子孙之祥，致老寿之福”，讲得最好。男女交欢之乐，以礼济之，节宣其气，才不会乐而佚淫、乐极生悲，此即为调节调济。就个人说，如此才可养生寿考；就社会说，如此方能风俗和乐、政治清明。

---

① 《礼记·婚礼》：“礼之大体，所以成男女之别，而立夫妇之义也。男女有别，而后夫妇有义。夫妇有义，而后父子有亲。父子有亲，而后君臣有正。故曰婚礼者，礼之本也。”也是强调这个道理。

中和性学

毛《序》曾说："《月出》，刺也。在位不好德而悦美色也。"又说："《女曰鸡鸣》，刺不悦德也。陈古义以刺今，不悦德而好色也。"这都是发挥"贤贤易色"之说，鼓励人勿耽溺于色，而应重视贤德之士。然而，据诗旨，乐而不淫，即是礼义之化、即是德。乐而淫，则只是好色。如《汉书》载匡衡上奏："周南召南，被圣贤之化深，故笃于行而廉于色。"从人对男女之事的处理上，也可说儒家是教人好德不好色的。

但此时所谓"德"，并非色之外的另一物事，而就是指人对其性欲之态度。在子夏论贤贤易色时，他是教人重视贤人、尽力侍奉父母君臣、交朋友要守信等。孟子说人除了慕少艾、慕妻子之外，更应慕父母。这些，都是色以外的，并非即色言德。故我们可以说，汉时已经从"比类德色"，发展到"即色言德""德色一如"的形态了。

而且这种态度，由于讲调节、讲调济，所以强调情欲的适当化，希望能求得情礼之中，所以又提倡中和，以中和为德。这两点，都是先秦贤贤易色论的发展，而有超越孔孟所说之处。

主张"致中和"，且以男女性事论中和之养，是儒家性论的特点，董仲舒《春秋繁露·循天之道篇》可为代表：

> 中者，天地之所终始也，而和者，天地之所生成也。夫德莫大于和，而道莫正于中。中者，天地之美达理也，圣人之所保守也，诗云："不刚不柔，布政优优"。此非中和之谓欤！是故能以中和理天下者，其德大盛，能以中和养其身者，其寿极命。男女之法，法阴与阳。阳气起于北方，至南方而盛，盛极而合乎阴；阴气起乎中夏，至中冬而盛，盛极而合乎阳；不盛不合。是故十月而壹俱盛，终岁而乃再合，天地久节，以此为常，是故先法之内矣，养身以全。使男子不坚牡，不家室；阴不极盛，不相接。是故身精明难衰而坚固，寿考无忒，此天地之道也。天气先盛牡而后施精，故其精固；地气盛牝而后化，故其化良。

> 天地之制也，兼和与不和、中与不中，而时用之，尽以为功。是故时无不时者，天地之道也。顺天之道，节者、天之制也，阳者、天之宽也，阴者、天之急也，中者、天之用也，和者、天之功也。举天地之道，而美于和，是故物生皆贵气而迎养之，孟子曰："我善养吾浩然之气者也。"谓行必终礼，而心自喜，常以阳得生其意也。公孙之养气曰："里藏泰实则气不通，泰虚则气不足，热胜则气□，寒胜则气□，泰劳则气不入，泰佚则气宛至，怒则气高，喜则气散，忧则气狂，惧则气慑。凡此十者，气之害也，而皆生于不中和。故君子怒则反中，而自说以和；喜则反中，而收之以正；忧则反中，而舒之以意；惧则反中，而实之以精。"夫中和之不可不反如此。
>
> 天之道，向秋冬而阴来，向春夏而阴去，是故古之人霜降而迎女，冰泮而杀内，与阴俱近，与阳俱远也。天地之气，不致盛满，不交阴阳；是故君子甚爱气而游于房，以体天也。气不伤于以盛通，而伤于不时天并。不与阴阳俱往来，谓之不时；恣其欲而不顾天数，谓之天并。君子治身不敢违天，是故新牡十日而一游于房，中年者倍新牡，始衰者倍中年，中衰者倍始衰，大衰者以月当新牡之日，而上与天地同节矣。此其大略也。然而其要皆期于不极盛不相遇，疏春而旷夏，谓不远天地之数。

《春秋繁露》以论《春秋》为主，并以其所理解之《春秋》微言大义申论王道治化。据他在《贤良对策》中言："孔子作《春秋》，上揆之天道，下质诸人情。"显然他是很注意情的。故《俞序篇》说："春秋，缘人情，赦小过。"《天道施篇》又说："礼，体情而防乱者也。民之情不能制其欲，使之度礼，目视正色、耳听正声、日食正味、身行正道，非夺之情也，所以安其情也。"

他所理解的礼，乃缘情而制，且以使人安其情，所以他所谈的王道治化也即是从人的情欲生活出发，讲如何使此情欲能够得到安顿。

安顿之方法与目标就是中和。中和，他从天道阴阳及人事男女两方面讲，当然张皇悠眇，难以骤晓。但基本原理实亦仅是教人乐而不淫、哀而不伤、喜怒哀乐得其中，不要过分纵欲罢了。因此他说："君子怒则返中，而自说以和；喜则返中，而收之以正。"这种收摄、返中，以达到和正境界的工夫，须要有点修养，是以又教人要养气。此即其工夫论。

男女性交，当然更须秉持此中和之道。不过，阴阳中和，固应刚柔相济，所谓"不刚不柔，布政优优"。但不偏于刚也不偏于柔、不阴盛也不阳盛，其方法却应是阴阳都要在最旺盛的时候才交合，不极盛时就不交接。

汉代解《诗经》者常谈到"及时""失时"的问题。熟悉儒家学说的人都会了解：时的问题，在儒家义理中是非常重要的。孔子是圣之时者、说使民以时、说谈话应时然后言、孟子说斧斤以时入山林……故论男女，汉儒强调时义，毋乃是非常正常的。

可是"时"若依陈奂《疏》所说："男子自二十至三十、女子自十五至二十，皆为婚娶之正时。至三十、二十谓之及时，踰三十、二十谓之失时。"则此"时"便为固定之一段时间，亦即俗称的适婚年龄。可是若依董仲舒此处所说，只要与阴阳相配合就可称为时，否则即为不时。这就是动态的及时观了。

依此说，不只青年适婚者要注意时的问题，已婚之各年龄人也有时的问题。例如中年人廿日行房一次、始衰者倍中年、大衰者十月才可以行房一次，这便达到了调节的效果，不会纵欲伤生。

此乃儒家的房中术。

今说房中术，世均谓其出于道家，其实《汉书·艺文志》所载当时流传之房中术书凡八家，而班固记载这些典籍，其观点却纯是儒家式的。他说："房中者，性情之极，至道之际，是以圣王制外乐以禁内情，而为之节文。传曰'先王之作乐，所以节百事也'，乐而有节，则和平寿考。及迷者弗顾，以生疾而陨性命。"可见他所登录的这些房中术书，纵使原本不是儒者著述，他也仍是将之纳入一个儒家的性观中去看待的。故吾人若将之全部视为儒家之性论房中术，亦无不可。至少，也可说此类典籍并不悖于儒家的性观。

再者，班固所记录之房中术典籍中，即有《尧舜阴道》廿三卷、《汤盘庚阴道》二十卷。这些当然都是依托之作，但不托之于黄帝素女，而托之于儒家的圣王，很符合汉儒“祖述尧舜”的习惯，这类经典，必为儒家之述论无疑。其内容今虽不可见，然而从马王堆所出简帛书中未尝不可得其端倪。

马王堆出土竹简中，有一份被整理小组标名为《十问》，全以古人问答之形式讨论十个保健之问题。如黄帝问天师、大成、曹熬、容成，王子巧父问彭祖、禹问师癸、齐威王问文挚等。其中即有盘庚问耆老、尧问舜，并畅谈房中术者。这可能就是抄自《尧舜阴道》一类书。尧问舜这一段，是这样记载的：

> 尧问于舜曰：“天下孰最贵？”舜曰：“生最贵。”尧曰：“治生奈何？”舜曰：“审夫阴阳。”尧曰：“人有九窍十二节，皆设而居。何故而阴与人俱生而先身去？”舜曰：“饮食弗以，谋虑弗使，讳其名而匿其体，其使甚多而无宽礼，故与身俱生而先身死。”尧曰：“治之奈何？”舜曰：“必爱而喜之、教而谋之、饮而食之、使其题祯坚强而缓事之。必止之而勿予，必乐矣而勿泄。材将积，气将储，行年百岁，贤于往者。”——舜之接阴治气之道

“阴”指男子的阴茎。男人生下来就具有这个器官，但往往很早就“死”了，没有能力或作用了。尧问：为什么、怎么办。舜教以强盛之法，并提到止而勿予、乐而勿泄。这正是“乐而不淫”观念之发挥。又说要避免太过劳使，以去除“其使甚多而无宽礼”的毛病，更不必讳其名而匿其体。

这是非常健康的性观，提到“礼”尤其值得注意。劳而无节或性无能，大概它就认为是失礼了。措辞与另一简书《天下至道谈》类似。该书说：“猝而暴用，不待其壮，不忍两热，是故亟伤。讳其名，匿其体，至多暴事而无礼，是故与身俱生而独先死也。”这本书说男人应待阳壮才交接，又教人治气之法，与董仲舒相似；论性交之礼，则与《十问》中尧舜问

答相同。其为儒家之说，可无疑义。里面还有一段谈到学的问题：

> 人产而所不学者二，一曰息、二曰食。非此二者，无非学与服。而贰生者食也，损生者色也，是以圣人合男女必有则也。

食色虽皆为本能，但色毕竟不同于饮食与呼吸，它仍有待于学习。而且色若不善处理，是会损生的，所以此处才会讨论其法则。这样，不但就性言礼，抑且以学论性，儒家好色之义，至此乃完备成为一套学问了。

若问这套儒家性学有何特色，那就在于它讲中和。阴阳调和，得其中节，所谓保合太和，以正性命。与讲“还精补脑”“采阴补阳”那些既不享受性交之乐，又损人以益己之类说法迥异。其次，它又是礼学，而道流之谈房中者，亦不自以为是礼学也。

后世有顾亭林者，尝引证于此，曰：“董子曰：‘君子甚爱气而谨游于房……而上与天地同节矣。’炎武年五十九，未有继嗣，在太原遇傅青主，浼之诊脉，云尚可得子，劝令置妾，遂于静乐买之。不一二年而众疾交侵，始思董子之言而瞿然自悔……赏与张稷若言：‘青主为人，大雅君子也。’稷若曰：‘岂有劝六十老人娶妾而可以为君子者乎？’愚无以应也。”（《文集·卷六·规友人纳妾书》。又见《蒋山佣残稿卷一》。此友人即王山史）傅青主是道士，教顾亭林买妾，或因诊其脉，觉得顾氏体气尚壮，可以娶妾求嗣；但更可能是依道教性学，认为娶妾有助于补益。可是儒家不如此认为。《易经》说老妇少夫，乃“枯杨生花，何可久也”；反之亦然。顾亭林自己以老牡游于壮牝之房，疲劳失礼，故深悔之。返归于董仲舒性学之阵营，并以此号召朋侪。

此类大儒佚事，过去论思想史者大抵是不知道的，就是知道了也皆不注意。其实此乃有绝大关系之文字，可以见儒家性学之流衍，且足以征儒家性学与道教性学之异。

重德抑色

然而，贤贤易色，另有改易好色之心为好德之意。孔子也说：“君子有三戒：少之时，血气未定，戒之在色。”（《季氏篇》）他在鲁国做官时，“齐人归女乐，季桓子受之，三日不朝，孔子行”（《微子篇》），对主政者好色而不好德，他颇不能忍受。这岂不又显示了孔门论德色关系，尚有重德之义吗？依此见解，即可能会对于好色之心，主张戒之，或对之颇有贬义。色与德并不是平等的。为学的工夫，则在于如何将原本好色之心转换改易到好德的境地去。

这个态度，在《孟子》书中得到了进一步的发挥。

《孟子·万章上》说：“人少则慕父母，知好色则慕少艾，有妻子则慕妻子……大孝终身慕父母。五十而慕者，余于大舜见之。”这段话是在恭维舜，说舜非常人所能及：“好色，人之所欲，妻帝之二女，而不足以解忧……唯顺于父母可以解忧。”舜与一般人不同，不好色而好孝顺父母。故孟子歌颂他，以他为典型，希望人能以之为榜样，其实也正是贤贤易色之意，不但想教人能如慕少艾、慕妻子一样慕父母，更想要人改易好色之心以孝顺父母。

这不也是孟子心性论的立场吗？《告子上》载告子说：“食、色，性也。仁内也，非外也。义外也，非内也。”依告子之见，人之甘食悦色，乃人之本性，故仁由内出。谋食色之满足而合不合乎义，例如用不正当的手段去谋食劫色，这合不合宜的判断标准是外在的，故他说义在外。孟子反对这种说法。两人辩来辩去，细细分析起来，头绪甚繁，但简单说，则是孟子所言之性与告子并不相同。

告子主张“生之谓性”。故其所谓性，近乎生物本能，此所以“食色，性也”。孟子却认为如此言性，“则犬之性犹牛之性，牛之性犹人之性”；他要说的是人不同于生物本能，人之所以为人的那个部分，他称此为人性。而这种人性，就是恻隐、羞恶、恭敬、礼让之心。所以仁义礼智都内在于人。

换言之，食色之性，君子不以为性，他要谈的是仁义礼智之德性。

这是将“贤贤易色”之立场显现于理论内涵。

这样的理论，当然所重在德不在色、在心性不在色性，故《告子下》载：“任人有问屋庐子：‘色与礼孰重？’曰：‘礼重。’曰：‘亲迎则不得妻，不亲迎则得妻，必亲迎乎？’屋卢子不能对。明日之邹，以告孟子。孟子曰：‘踰东家墙而搂其处子，则得妻；不搂则不得妻，将搂之乎？’”

在面临礼与色的冲突时，宁愿不满足食色，也不能做出乱礼伤义的事。这就是不食嗟来之食，或后来宋代理学家所说“饿死事小，失节事大”的态度。

相应于这种态度，修养工夫，消极的是寡欲，《尽心下》：“养心莫善于寡欲。”降低此类欲求；积极的则要从其大体、修其天爵处着手，《告子上》：“从其大体为大人，从其小体为小人……先立乎其大者，则其小者不能夺也，此为大人而已矣。”“仁义忠信，乐善不倦，此天爵也……古之人，修其天爵而人爵从之。”“诗云‘既醉以酒，既饱以德’，言饱乎仁义也。所以不愿人之膏粱之味也。令闻广誉施于身，所以不愿人之文绣也。”

总之，这个思路，是在明知人皆好色的情况下，指出向上一路，要人勿仅为食色之人，而应修其心性、饱之以德。与食色相关的概念，包括才、性、情、欲、小体等；与心性相关者，则为仁、义、礼、心、善、天、天爵、大体、德等。对于前者，要戒之、寡之、易之、小之。不唯不能太重视，更应克制、减少、转移。对于后者，要修、要养、要学。而所谓学，具体之内涵与蕲向，亦正在此。

禁欲爱主

儒家这个态度，当然有贬抑性而揭扬心性之意，表面上与基督教颇为类似，但其实并不一样。

基督教也讲“贤贤易色”，教人转移男女之爱而爱上帝。但在这个目标之下，它对男女之爱和人与上帝之爱，却有轩轾之分。认为男女之爱是尘俗的、污秽的、罪恶的、肉体的、欲望的；与上帝的爱，则是神圣的、纯洁的、善美的、精神的、灵魂的。在这种对比架构中，它肯定、崇拜、追求后者，而鄙弃前者。

以奥古斯丁《忏悔录》为例。该书表明它陈述往事，“回顾过去的污秽和我灵魂的纵情肉欲，并非意存留恋，而是为了爱你，我的天主”。他年轻时，渴望爱与被爱，但分不清什么是晴朗的爱、什么是阴沉的情欲，所以“从我粪土般的肉欲中抬起了阵阵浓雾，笼罩并蒙蔽了我的心。把我软弱的青年时代，拖到私欲的悬崖，推进罪恶的深渊”（卷二）。后来逐渐分清楚了，终于贤贤易色，扬弃男女之爱，转变天主。本书即为这一历程之纪录。因该历程系悟今是而昨非，故以忏悔录名之。

奥古斯丁很懊恼年轻时没注意听上帝的话。上帝说：“这等人肉身必受苦难，但我愿意你们避免这些苦难。”（《新约·哥林多前书》，七章廿八节）“不接触女性是好事。”（同上，一节）“没有妻室的人能专心事主。惟求取悦于主；有妻室的人则注意世上的事，想取悦于妻子。”（同上，卅二节）。奥古斯丁说：“如果我比较留心一些，一定能听到这些声音、能‘为天国而自阉’、能更荣幸地等待你的拥抱。”（卷二）

因为他如此“不幸”，所以他纵情作乐，爱女人、也被女人爱。而且，“爱与被爱，若能进而享受所爱者的肉体，那对我更是甜蜜了”。既然这样，他当然就常会有艳遇，“遇上了所罗门箴言中那个‘坐在自家门口的懵懂无耻的妇人，她说：‘快快吃这些神秘的饼、喝那杯偷来的甘液。’她看见我在外浪荡，在细嚼着我肉眼找来吞食的东西，便把我迷住了”（均见卷三）。

后来他与一位女子同居。他认为同居与结婚不同，同居是肉欲冲动的结合，结婚则更是为了子嗣（卷四）。可是，他终究为了要结婚而强迫那个女子离开，只把两人的私生子留在身边。而在尚未结婚、那女人又已离开了的情况下，“受肉情的驱使”，他竟又去找了一位情妇，以“保持、延长或增加我灵魂的疾疢”（卷六）。

最终，奥古斯丁当然做了神父并担任主教，真诚地爱着上帝，不再为男女之爱萦怀。但这个转变过程是极艰苦的，因为他一直“陷在肉情的胶漆中”“贪求情欲的满足，情欲俘虏我、折磨我”（卷六）。这种肉体欲望的满足，及其带来之乐趣，只有饮食可相比拟。

为了不被饮啖之乐俘虏，他努力“和它作战，每天用斋戒与之作战。鞭挞我的躯体，使它驯服”。上帝教诲他饮食仅如服药，但口腹之欲与乐却不断诱惑他。“我被围于诱惑之中，每天和口腹之欲交战。这种食欲和淫欲不同，我无法毅然与之决绝，如断绝淫欲一般”（卷十）。

食色，性也。依他看，要禁遏食欲尤难于禁绝色欲，所以他仅能为神父，还不能成为辟谷的道士。但无论如何，他告诉了我们：基督教是禁欲的，主张不接触女性，希望人能为天国而自阉。要以此禁欲工夫以及悔改的方式，转尘俗肉欲之爱为与上帝的精神之爱。

对于那些不能完全禁欲的人，基督教也容许婚姻，但它对婚姻有几个看法：一，要爱上帝，顶好是禁欲不结婚；若不能不结婚，亦应知“婚姻的光荣，在乎夫妇和谐与养育子女的责任”（卷六），并非肉欲之满足；三，结婚后，也不能以夫妇之爱来取代与上帝的爱，“有妻室的则注意到世上的事，想取悦于妻子”是要被批评的。

在这里，二元对立，色欲是“罪恶”，是因“腐朽的肉体重重压着灵魂”、拖着把人往下拉，才使人不能与上帝之神性契合。一人即使“衷心喜悦天主的法律，可是在他肢体之中，另有一种律法，和他内心的律法对抗，把他囚禁于肢体的罪恶法律中”（卷七，引《罗马书》七章廿一与廿三节）。

如此论贤贤易色，与儒家迥异。儒家虽教人勿好色而应好贤，但对食色等生之本能是承认也是尊重的，不以为是它本身就是罪或恶。只有沉湎于此，才会被认为是小人。故对此生之本能，儒家指出向上一路，要人勿仅只知食色，更应重视饮德食和；但食与色并不是要扬弃的。所以儒家不辟谷、不忌口、不茹素、也不禁男女之欲。其修养工夫，只是寡欲，而非禁欲。只有少年血气方刚时，才特别说此时戒之在色。“戒”

亦非禁止之意，只是说要注意，勿放纵。只有在德与色冲突时，才在价值上选择德。

正因如此，故儒家不用“肉体／精神”“神性／欲望”之类二元截然对立的架构来处理德与色的关系。例如孔子说他希望人“好德如好色”，孟子说人应“从其大体，先立乎大者”，以类拟或主从关系来谈德与色，德与色即成为较复杂的动态的关系。

儒家“贤贤易色”的贤，也不是上帝，只是圣贤。他可能是圣之清者、圣之和者、圣之时者，却都不是超绝在人之上的上帝，故圣贤亦仍有食色之需。人对贤者，则只是以类如好色的那种思慕、亲近之心去思慕他，并不是“爱”。所以，孟子用慕来说人少时慕父母，长则慕少艾，有妻则慕妻。对父母、少艾、妻子或其他贤者都可以起思慕之情。这种思慕，乃是精神性的，不像男女之爱，含有肉体之欲；但也和精神性的人与上帝之爱不同。为什么呢？人与上帝之爱，其实与男女爱恋之精神状态非常一致，人成为他所爱对象精神上的俘虏，对方占据在他的心中，自我消失或卑屈下来了，可以为爱的对象生、为爱的对象死，把自己视为对方的仆人。一旦获得对方爱的回应，即喜不自胜，认为生命得到了解救，灵魂可以安顿。在爱之中，也是容不下第三者的，人不可能既爱其爱人又爱上帝，或既爱上帝又爱他世俗上的爱人。爱具有排他性。所以，假若人真想事奉上帝，便得禁绝男女之爱，自阉以进入天国。儒家完全没有这种上帝观和爱观。

遏欲穷理

借着与基督教这样的对比，应该可以厘清一些误解，让人明白儒家对性实有较为宽容之态度。

但是，相对于“好德如好色”的那一路思想来说，主张人应重德不重色者，毕竟对色仍是较为贬抑的。前面那好德如好色的思路，逐渐发展成即色言德、德色一如，乃至“性即礼”之形态，昭见于《周易》《诗经》《礼记》《春秋》等经典及秦汉儒学之中；后面这个思路则透过孟子，在宋明理学中得到了发扬[①]。

董仲舒论心性，本来就与孟子不同。他以“生之自然之质”为性，这个天生受天地之气而生的自然之性，谈不上善或恶。但天有阴阳，人既受气而生，生命中也有阴阳、有仁贪。长大以后，发扬它好的一面，则显现为善；发展其不好的一面则为恶，故“善，人所继天而成于外，非在天所为之内也”。善恶，是表现于人事上的价值判断。所以善虽由性出，性本身却不能称为善。

其次，他又谈到情的问题。他说：“性情相与为一瞑。情亦性也。谓性已善，奈其情何？故圣人莫谓性善。”认为情的作用使性如人昏瞑一般，而性与情又不可分，所以性不能说其已善。

据此可见，孟子论性，是由四端说善，因人有此善端，而讲人禽之辨。但董仲舒说人固然有此善端，却亦有为恶的可能（其可能性来自：一，生命气禀中的阴性部分，即那与仁并存之贪；二，情的作用），唯有靠着外在的教化和心的克制，才能使人逐渐成就为善。故曰：“性有善端，动之爱父母，善于禽兽，则谓之善，此孟子之善。循三纲五纪，通八端之理，忠信而博爱，敦厚而好礼，乃可谓善，此圣人之善也……吾质之命性者，异孟子。孟子下质于禽兽之所为，故曰性已善。吾上质于圣人之所为，故曰性未善。”（深察名号篇）

也就是说，孟子讲“人皆可以为尧舜”，是就人皆可以为尧舜的那个善的超越根据说性善。董仲舒则强调人皆可以为尧舜，但毕竟人多尚未成为尧舜，故应以其成善处为标准，说性尚未善。

这样的不同，使得孟子论性并不太讨论天生自然动物性的部分，较重视与自然动物性不同的善端。但因善端乃是天生本然已具，非从外面

---

① 此亦仅是大体言之。孟子学很复杂，宋儒又只发挥了其中一部分，而汉儒中也并不是没有像宋儒那样主张远离美色的（如《礼记·坊记》曰：“子云：好德如好色。诸侯不下渔色，故君子远色以为民记。”），因此我们只能说儒家讲“贤贤易色”“好德如好色”有此两大类型，汉宋各偏于其一罢了。

学来，所以他同时也以性善说才情皆善，知《告子上》:“乃若其情，则可以为善,乃所谓善也。若夫为不善,非才之罪也……不能尽其才者也。”《尽心上》又说:“形色，天性也。”

因形色即是天性，才情又都是善，因此食色之养，孟子并不贬抑。但是过分强调那人禽之辨的天性善性，却使得宋代道学家区分出“天理”“人欲”的分别来[①]。

以朱熹《集注》来看，朱子完全否定了生之谓性的层面，认为这个部分，是气禀使然，人禽所同:“生者，人之所得于天之气，人物之生，莫不有是气。然以气言之，则知觉运动，人与物若不异也。”告子所谈，仅在这个层面，“生之谓性，食色性也之说，近世苏氏胡氏之说盖如此”。此皆为知生不知性。性是“人之所得于天之理”，故“性即天理，未有不善者也”(《告子上篇》)。这个部分，非其他禽兽所有。是以儒者所应讲求者，在性不在生。既然如此，食色等属于生之事，便非儒者所应萦怀了，谈食色性也者，都被斥为外道异端。

又因孟子论性善，系就四端说。此若依汉人之讲法，便是着重在喜怒哀乐之未发处说，而非据其发而中节处说。宋代理学家阐述其说，亦辄喜观喜怒未发时之气象。谈好德好色之问题,也是在发端处辨其是非。《梁惠王下》朱注:“好勇好货好色之心，皆天理之所有，而人情之所不能无者。然天理人欲，同行异情。循理而公于天下者，圣人之所以尽其性也。纵欲而私于一己者，众人之所以灭其天也。二者之间不能以发，而其是非得失之归，相去远矣。”发心之处，本于天理与徇乎人欲，截

---

① 朱子论才与情都与孟子不同，故《语类》卷五九:“孟子言才，不为不善。盖其意谓善，性也，只发出来者是才。若夫就气质上言，才如何无善恶？”又云“孟子言才与程子异……孟子言才，正如言性，不曾说得杀，故引出荀扬来。到程张说出气字，然后说杀了”，又“孟子论才，是本然者，不如程子之备”。这都是本于程伊川之说，而与孟子论才不同者。谓才乃人之气禀，故有善恶，与性不同。

朱子论情，大抵亦本程伊川，而异于孟子。他认为“性如水，情如水流，情既发，则有善有不善”(同上)，故不同于孟子以情为善。

然不同，故他主张“遏人欲而存天理”[①]。

天理人欲，同行异情，本胡五峰语。若依朱子此处所说，好色并非即是人欲，也可能是天理。但好色之心若不能循理而公于天下，就会成为人欲。此说有三个问题：

一是好色究竟是天理还是人欲，要从发心上论断，其实是非常困难的。论事者莫不因其事迹以推测其心理动机，此类“诛心之论”固然深刻，然推测终难有定论，疑似之词、意气之谈遂比比皆是。朱子劾唐仲友，何尝不是认为“仲友自到任以来，宠爱弟妓，遂与诸子更相踰滥。行首严蕊稍以色称，仲友与之媟狎，虽在公筵，全无顾忌”（《朱文公文集·卷十八·按唐仲友第三状第廿一款》），说唐氏是属于纵欲而私于一己者。但物论不服，《齐东野语》《说郛》《林下偶谈》《四朝闻见录》等书对此事均有不同之见解，当时人且或视为“此秀才争闲气耳”，《二刻拍案惊奇》卷十二甚至还有《硬勘案大儒争闲气，甘受刑侠女着芳名》一篇小说论其事，把朱熹着实嘲笑了一番。可见食色之事，要从动机上说它是天理抑或人欲，实甚困难，连朱熹就具体事例做出的判断，都可能不餍众望。

二，孟子对谈，所面对的是国君，故其说好货、好色，可有公于天下的一面；但一般士庶，好色之心发于己，色欲的满足乃是极个人化、极私密的，如何循理而公于天下？

三，因为男女之事难以论断其究为天理抑或人欲，又大抵本无循理而公于天下之道，因此这个天理人欲之辨，到最后就变成以食色为人欲了。朱子本人就是如此。高宗朝，胡铨上劾秦桧，被贬海南岛，直声震动天下。后来放还归来，因在岛上纳了一个妾，朱熹竟作诗讽之，谓：

① 这一段，在朱子学中，其实是不好处理的，《语类》卷五一载，“问：‘孟子语好货好色事，使孔子肯如此答否？’曰：‘孔子不如此答，但不知作如何答’。问：‘孟子答梁王问利，直扫除之，此处又却如此引导之？’曰：‘此处亦自分义利，特人不察耳’”。显然，朱子门人并不赞成也不能理解孟子为何如此说，很有抱怨。朱子也答得勉强。毕竟，在好色上分义利、分天理人欲，只是勉强为说罢了。

“世上无如人欲险，几人到此误平生。”面对梨涡，不免有情，居然概斥之为人欲，连以往正直的形象都抹杀了。后人见之，宁无浩叹？

不见可欲

然而，不幸的是，原本只是担心人沉溺于食色以致人欲横流，发展到索性将食色视为人欲，却成为程朱理学之一大特点。

顺着儒学的传统，理学家当然极为重视食色，韩国朱子学家李滉《答李宏仲》云：“以饮食男女为切要。饮食男女，至理所寓，而大欲存焉。君子之胜人欲而复天理由此，小人之灭天理而穷人欲亦由此。故治心修身，以是为切要也。”（《增补退溪全书·第二册》）足以体现他们重视食色的情况。

然而，正因为他们极重视食色，对于食色之可能灭天理而穷人欲就越在意。

由于太过忧虑好色会令人溺于欲望之中，形成了他们一种尽量勿与美色接触的态度。例如《近思录》卷十三引朱子曰：“学者于释氏之说，直须知淫声美色以远之，不尔，则骎骎然入其中矣。”（《遗书·卷二》）把佛学视如美色，教人要远离、避开，以免被它诱惑了。这，其实是老子“不见可欲，使心不乱”的办法，并非先秦儒家“窈窕淑女，君子好逑”“巧笑倩兮、美目盼兮，素以为绚兮”的方式。五经教人要成就此好色之欲，发乎情、止乎礼。程朱理学家则担心大家止不住，如奇明彦言：“程子论七情，以为情既炽而益荡，其性凿矣。”（《增补退溪全书》，附奇氏《四端七情后说》）所以干脆劝人少接近美色，以免为其诱陷。

此中即含有一种对女色的戒惧之情。如朱子说：“禹之言曰：‘何畏乎巧言令色？’巧言令色，直消言畏？只是须着如此戒慎，犹恐不免。”（同上，引遗书）伊川云：“虽舜之圣，且畏巧言令色，说之惑人易入而可惧也如此。”（《易传·卷四·兑卦》）巧言令色之戒，是《尚书·皋陶谟》里的话，被他们用来发挥说美好的颜色太容易动人，故应戒惧、畏慎。

这样，把女性美色视为可畏之物，使得道学家的性观念、性态度都拘谨起来了，等闲不敢观赏令色、不敢讨论男女。古云君子远庖厨，现在则是远离美色，既不敢亵玩，亦不敢远观了。

对于美色既是如此，以屏绝勿近来保护人不陷溺于其中，则夫妇相处就困难了。夫妻之间，怎能屏绝疏远之呢？理学家对此，乃强调夫妻应相敬或倡随之理，而贬抑或降低夫妻生活中情欲的部分。如伊川说："男女有尊卑之序、夫妇有倡随之理，此常理也。若徇情肆欲，唯悦是动，男牵欲而失其刚、妇狃悦而忘其顺，则凶而无所利矣。"（《易传·归妹·象》。又收入《近思录》卷十二）夫妻本应是两情相悦的结合，阴阳合和，化生子女，亦为其应有之义。此乃夫妻之道的根本，闺房之乐，有甚于画眉者。但理学家却担心如此便会纵欲，故要求夫妇之间也不可以徇情，而应遵理。

伊川认为这样才是常理，才是夫妻相处之常道，反而批评一般人都做得不对："归妹，九二守其幽贞。未失夫妇常正之道。世人以媟狎为常，故以贞静为变常。不知乃常久之道也。"（同上，又收入《近思录》卷六）

此即以夫妻之间亦应"主敬""循理"。这种态度，可能与其宴息观很有关系，李滉《答申启叔》说：

> "向晦入宴息……非怠惰以为安，乃亦以敬而安也……盖怠惰则欲炽情流而不宴不息，惟能敬则心清气定，而可以安养调息。故人能知宴息，亦以敬，而非以怠惰，则可与论敬之理矣。此南轩之语意也。君子昼居于外，则终日干干，自强不息。夜处于内，则惕厉不欺，寝亦不尸，无时而不敬也……南塘《夜气箴》既说：'必斋其心，必肃其躬，不敢弛然自放于床笫之上，使慢易非僻，不敢贼吾之衷。'"（《增补退溪全书·二册》）

向晦入宴息，语出《易·随·彖传》向来都解释为：天色向晚，人应回去睡觉休息了。但宋儒反对休息说，认为人应仍要持敬，即使是晚上睡觉也须"振拔精明，齐心敛足"。这是误读《孟子》"养其夜气"之说而形成的一种过分紧张的生活态度。在这种宴息观中，床笫之上，夫妇媟狎戏乐，当然就更违反了“必斋其心，必肃其躬”的原则。纵或不得不有性交活动，也只能视为不得已的，并非常道而只是变例。夫妻之间，仍须以“守其幽贞”为常。

努力屏远美色、反对夫妻悦爱肆情，必然使得理学家比“子罕言命”更罕言性。对于男女性事，略如汉儒所批评，是讳其名而匿其体，故仅能畅论心性而罕能论性矣。

这种态度，对社会形成了许多具体影响。例如要避免人爱美色的引诱，女人就要尽量不被人看见，即使看见也须包裹得严密些，以达“不见可欲，使人心不乱”的效果。夫妻亲密狎悦的动作，也不宜出现。这些，在宋代以后中国社会上是非常普遍的状况。

可是，理学家这种性态度又是被讥笑、被批评的。《肉蒲团》第三回《道学翁错配风流婿，端庄友情移薄情郎》就写道：某道学先生生养了一位“天下无双，人间第一”的玉香小姐。这位小姐自幼受其父道学先生之教诲，也道学起来。不料后来嫁给风流丈夫未央生，他先生对她之性压抑却大呼吃不消：“对她说一句调情的话就满面通红，走了开去。”“日间干事……就高声大喊，却像强奸她的一般。夜间干事，虽也委曲承当，都是无可奈何的光景，但见其苦，不觉其乐。”性交姿态如有所变更，也不同意，说背交“犯了背夫之嫌”；女上男下，则“倒了夫纲之体”。“就唤她几声心肝乖肉也像哑妇一样，不肯答应”。于是丈夫“给她起了个混号，名叫女道学”，“犹如泥塑木雕，睡在身边，有何乐趣？”这位女道学，所体现的正是道学家的夫妻性爱态度，欲相待以礼，而排斥相悦以狎。

这种态度，在明清庶民文化，例如小说或笑话书中，是广受讥嘲的。清人所编《笑林广记》有一则说：“道学先生嫁女出门，至半夜尚在厅前徘徊踱索，仆云：‘相公，夜深，请睡罢！’先生顿足曰：‘你不晓得，小畜生此时正在那里放肆了！’”即活脱刻画出这类道学先生之面目。

如好好色

道学家的性态度不仅不受民间支持，在儒学内部，其实也同样有着反省的声音，阳明学即其中一支。《传习录》卷上：

> 徐爱问知行合一之说，曰："人有知父当孝、兄当悌者，却不能孝、不能悌，是知与行分明是两件。"曰："此已被私意隔断，不是知行的本体了。圣贤教人知行，正是要复那本体。《大学》说：'如好好色。'见好色属知、好好色属行。只见那好色时，已自好了。不是见了后，别立个心去好。"

程朱教人勿好色、远离美色。阳明则重新回到《大学》，讲好色，再从人之好色来阐发知行合一之旨。后世论阳明学者，对此大约只注意到阳明之论知行合一，而未发现阳明如此说，正与程朱异路。其间的差别，须看李退溪的《传习录论辩》才较易明白。退溪说：

> 此段虽极细辩说，言愈巧而意愈远，何也？其以见好色、闻恶臭属知；好好色、恶恶臭属行。谓见闻时已自好恶了，不是见了后又立个心去好……以此为知行合一之证者似矣。然而，阳明信以为人之见善而好之，果能如见好色自能好之之诚乎？……孔子曰："我未见好德如好色者"，又曰："我未见恶不仁者。"盖人之心，发于形气者，则不学而自知、不勉而自能。好恶所在，表里如一，故才见好色即知其好，而心诚好之……虽曰行寓于知可也。至于义理，则不然也。不学则不知，不勉则不能，其行于外也，未必诚于内……故《大学》借彼表里如一之好恶，以劝学者之勿自欺则可。阳明乃欲引彼形气之所为，以明此义理知行之说，则大可不必。(《增补退溪全书·二册》)

形气与义理，依程朱学，是分开来说的。性理而情气，二者不能混为一谈。阳明则不从理气之分上说，只说致良知。好色与恻隐辞让之心，俱为人之良知良能。故好好色即可以说明知行之合一，恶恶臭，也可以说明羞恶之心。这是孟子“形色，天性”之说的发挥。

顺着阳明学而发展的晚明思想界，即有一部分颇与此有关。如李卓吾《焚书·答邓明府》《李氏文集·明灯道古录·卷下》都从好货好色说人性，且以此即良知。李氏会被弹劾说他“肆行不简，与无良辈游于庵，接妓女白昼同浴”，或“宣淫”。这固然都是谤诬。然而阳明后学在性态度上确实与程朱学者颇为不同，故为程朱道学家所嫉视，谓其助长了淫风。

晚明之淫风，也的确有部分附丽于阳明学。如凌蒙初《拍案惊奇》卷廿九《通闺闼坚心灯火，闹囹圄捷报旗铃》、卷三四《闻人生野战翠浮庵，静观尼画锦黄沙弄》，都赞美恋爱，且结合性与爱来描写，与《牡丹亭》类似。汤显祖此剧讲杜丽娘思春，慕色而死，却在冥间与柳梦梅相会，后来竟又“一点色情难坏”，而再还魂为人，满足了情欲。研究晚明思潮者辄推其思想渊源本于王学。

不过，晚明清初情色书刊之大行其道，全部推源于王学并不恰当。因为像《肉蒲团》讲人肉蒲团可以彻悟，淫人妻女者人亦淫之的果报思想;《绿野仙踪》讲弃家访道;《灯草和尚传》说循环报应等，均与儒家无关，更与王学无关，乃受佛道思想之影响使然。其中描述性事，则往往采用道教“还精补脑”“阴阳采战”之类说法，而少关涉于心性论。

另有一批比较与儒家相关之言论，却是上溯于经学“好好色”以及“如好好色”的推广之义者，例如《情史·序》说“情始于男女”，而“流注于君臣、父子、兄弟、朋友之间”，故“《易》尊夫妇、《诗》首关雎、《书》序嫔虞之文、《礼》谨聘奔之别、《春秋》于姬姜之际详然言之”。《恨史·序》说“天下唯闺房儿女之事，叙之简策，人争传诵，千载不减。何为乎？情也。盖世界以有情而合，以无情而离……盖忠臣孝子未必尽是真情，而儿女切切，十无一假。则《浪史》风月，正使无情者见之，还为有情。情先笃于闺房，扩而充之，为真忠臣、为真孝子，未始不在是”。《宜春香质·风集》云:“有情而可以为善，无情而可以为不善。降而为荡情，则可以为善，可以为不善矣。世无情，吾欲其有情；举世溺情，吾更虑其荡情……情至于荡，斯害世矣。荡属于情，并害情矣。情既受害，始也世有其受、终焉身任其咎。”

这些文献都具有三个重点，一是正面肯定人之好色。对美色之爱好，被视为是最真诚的表现，所谓“好好色”。故对美色不必避忌屏绝，也不以为好色之心是应该遏抑之人欲。二，强调男女性事为一切伦理之基点，故应扩充此好色之心，所谓“如好好色”。三，情欲伦理学并不鼓吹纵欲，仍是克己复礼式的，反对荡情，主张情要能发而中节。因此它反而与汉人的讲法颇为接近。四，汉代儒者论性，偏于阴阳交接理论的说明，成为房中性学。明末这些文献则比较偏于以具体事例来借事显理，叙男女交合房中之事，以申情欲伦理学之要，故常借小说戏曲来表达。

还有一类，则是从气、从情上说，此可以王船山为代表。

船山诗颇肆言情，如“泛爱惜流光，含情抚逝水，鶗鴂天涯鸣，繁英怨游子”“昔我游汉水，遥与神女期，琅玕非所欢，玉佩空相贻”（《五十自定稿·杂诗》）、“佳人阻采若，含情虚握椒，行迈厓康涂，中心写长谣”（《春日书情》）、“悦彼情所含，矜兹芳有成”“被以缠绵情，指彼佳期妙”“美人去我遥，思之若晨昏，筦簟有徐清，肃肃警宵寤”“涉洛想宓妃，游楚梦高唐”（《感遇》）、“巫山不高瞿塘高，铁锚不牢火杖牢，妾意似水水滴冻，即心如月月生毛”“杨柳湾头舣舸开，杨花飞雪逐船来，郎爱杨花随舵转，侬怜杨柳倒根栽”（《竹枝词》）。

这些诗中所讲的都是男女爱情，而且含有性意象。巫山云雨，女怜杨柳倒根栽，男伤筦簟有余清。此均宋代理学家所不肯道、不敢道之语也。《感遇》十一首，亦非历来咏士人感遇之怀，而是真的指曾与一女子相遇，感念其事，故其中有“容成置象外，羲和辍纷纶”语。容成是著名的房中术大师，此处用他的典故，也不可能有别的解释。足证船山此类歌事实涉性事，所谓“罗袜惜已微，中心良有故”，自非虚语。

船山五十以后，年岁渐老，此类艳情自然渐渐销绝，但诗中绮想，未必断绝，如《七十自定稿》中即有《咏风·戏作艳体》之类诗。且寄情于花卉，咏花之作极多。甚至还有正落花、续落花、广落花、补落花、落花诨体达九十九首，咏梅花则多达百首。至于词，尤其能显现此老风情，如《水龙吟·莲子》序云：

> 余既作莲子词二阕，梦有投素札者，披览之云："公不弃予小子，补为酬词，良厚。乃我本无愁，而以公之愁为我愁，屈左徒之愉东皇、云中不尔也。且公所咏者，荻絮蓼花曲金风玉露，皆余少年事。假以公弱冠时文酒轻狂，今日为公道，公其能不赧见于色乎？败荷秋藕，吾已去之如籜，自别有风味在。公虽苦吟，非吾情也。世人皆以我为朴质，公当为艳语破之，幸甚！"晓起，因更赋此，不复以艳为讳。

这序文极有趣，分明是曲言以赋闲情，词中如"兰汤初浴，绛罗轻解，鸡头剥乳，腻粉肌丰，苞香乍破，芳心暗吐"，可谓香艳已极。船山有此一面，故又作《摸鱼儿·自述》讲自己这一段难忘的风流情事："入佳境……娟娟蛱蝶花间戏，不怕黄莺絮骂。"此亦不以艳情艳语为讳之意。

其曲作《鼓棹二集》中另有一首《薄幸》副题为"午睡觉问渠"，云："当年是你，兜揽下个侬来此。更不与分明道，只竟如何安置。但随流荡漾云痕，归鸿水底成人字。便利齿空嚼、金睛出火，都则不关渠事。"仿女子口吻，责郎薄幸。殆船山自道其情事如此。绛罗轻解，鸡头剥乳，少年文酒，颇涉其事，非泛咏拟构者也①。

且其如此言情，不徒本诸实际经验，抑又与其心性论有关。船山《尚书引义》曾有一段话说：

> 形者，性之凝。色者，才之撰也。故曰：汤武身之也。谓即身

---

① 旧作《极乐庵诗话论考》，对船山诗的解释，提供了另两种进路，可参考。见《1997龚鹏程年度学思报告》，嘉义，南华管理学院出版社，1998。但该文认为船山集中之绮语可能并无本事，今已修正如本文所述。

而道在也。道恶乎察？察于天地。性恶乎着？着于形色。有形斯以谓之身，形无有不善，身无有不善，故汤武身之而以圣。

程朱之学是“理/气”“心性/形色”两分的，船山则说形色即是天性，因形色亦受命于天，“此却与程子所论气禀之性有不善者大别，但是人之受命则无有不善也”（《读四书大全说·卷十》）。在这里，他与程朱相同之处，在于仍以形色为气、以性为理。与程朱不同，则不以气禀为不善。因为他认为“气亦善也。其所以善者，气亦天也”（同上，卷八）①。

形色、气禀既然都是善的，人因形色之需而形成的过恶，便非形色本身的问题，而是形色在与物相交际时，处理不当所致：“气禀亦何不善之有哉？然而不善之所从来，必有所自起，则在气禀与物相授受之交也。”“故好货好色不足以为不善。货、色进前，目淫不审而欲猎之，斯不善也。”（同上）

这是从气上说形色之善，认为好色并不是不好的。

接着他又从情上说。孟子论才、情，均以善说；程朱则谓情有善、有不善，因性之发用则为情，既发便有善、有不善。船山论情近于程朱，但第一，他不采性静情动说，不是性感物而动即成为情，他认为性有实质，情却没有自质，只是指人与物相交际时的那种情状，所以说“非性之生情，亦非性之感物而动则化为情也”“性有自质、情无自质，故释氏以‘蕉心倚芦’喻之。无自质者无恒体”“盖吾心之动几，与物相取，物欲之足以相引者，与吾之动几交，而情以生。然则情者，不纯在外、不纯在内，或往或来，一来一往。吾之动几与天地之动几相合而成者也”（同上，卷十）。这明显采用了佛教“无自性”“因缘”等观念。

其次，他说“性自行于情之中”“性以行于情才之中”，情不是性，但性行于情之中，情之重要可知，不同于程朱较偏于性之讲法。

三，“情之始有者，则甘食悦色，到后来蕃变流转，则有喜怒哀乐

① 船山论孟子形色天性，杨儒宾《儒家身体观》第三章颇有讨论，可参看。中研院文哲所，1997。

爱恶欲之种种”，这就有善有恶。程朱偏于恶这一面，教人如何克服情所造成的障蔽，恢复性理。船山则比较强调“不善虽情之罪，而为善则非情不为功。盖道心唯微，须借此以流行充畅也。情虽不生于性，而亦两间自有之几，发于不容已。唯其然，则亦但将可以为善奖之，而不须以可为不善责之”，“功罪一归之情，则见性后亦须在情上用功。《大学》诚意章言好恶，正是此理”，“人苟无情，则不能为恶，亦且不能为善”（同上）。不仅偏于从情可为善这一面说，而且一切工夫都着在情上，心性论事实上成了情论。

在这种理论之下，我们才会看到船山对情极为重视的诗论、极力言情的歌咏，乃至公然好好色，不以艳语为讳的表现。宋明理学发展中，情色与心性论，有此一格，亦不可不注意。

新的思路

综上所述，可知儒家是从男女关系上建立起它整套存有论、伦理观及政治学说的。存有论上说天地以阴阳成化，伦理学上说人伦肇端于夫妇，政治上说后妃之制为夭寿治乱存亡之端，而在道德哲学上也是如此。

这又可大约区分成两种形态或进路，一是好德如好色，推拓好色之心以好德；二是好德不好色，改好色之心以好德。先秦两汉儒学偏于前者，宋代程朱理学偏于后者。

前者将好德与好色相模拟，对色不但不贬抑，更从比类德色发展到即色言德，例如《大学》以“好好色”论诚，或就色之处理上讲德，凡好色而能中和者即为有德等都是如此。至于如何才能中和呢？汉儒从礼、从房中调养等方面予以说明。

后者，从孟子“食色之性，君子不以为性”发展出食色等生之性与仁义礼智德性的区分，重德不重色，强调人应克制人欲，以复其性理。所以对好色有较不宽容的态度，希望人能尽量远离美色的诱惑，减少狎昵情爱之生活，提倡“主敬”之修养工夫。

这种态度后来受到不少批评与反省，故有上溯汉代经学，讲男女闺帏为人伦之始者；有受王阳明影响，以知行合一、现成良知讲好好色的；也有循宋儒之说而别从气与情上论形色天性的。

到近代，这个思路当然仍有新的进展，但主要是从社会或两性关系上立论，例如谈社会变动、家庭结构变迁、婚姻形态改变、女性地位调整、女权运动、性解放等，思想资源大抵采撷于西方，不再具有心性论之意涵。对中国古代如何处理德色问题，更因缺乏理解，而颇多恶意的批评。

事实上，二十世纪，在西方也是性解放的世纪，其批评或反抗之对象，乃是基督教文化传统。基督教以禁欲爱主为教，性的禁忌从思想层面下贯于社会。这个思想体系，到十九世纪末弗洛伊德性心理学出现，才大受挑战。同时，因社会变动而兴起的各种女权运动、性解放运动，亦逐步撼动此一文化传统。

在这个思想脉络下，近人讨论中国古代状况时，不免常以基督教文化传统来拟想古代儒家社会，以为儒家思想为主干的古代社会，大概也像基督教一样，对情色均采贬抑之态度，视男女爱欲为罪恶。

实则儒家对男女性爱情欲，态度与基督教有根本之差异，其理论内部又极为复杂。而纵使是最讲遏欲穷理之思路，也仍与基督教不同。本文之用意，即在铺展儒家情色理论的大致轮廓，以说明这其中诸多复杂的面貌与内涵，并区分出儒学与基督教的差别。

正由于儒学与基督教文化，在这个问题上颇有差异，所以与现代因反对基督教而生成的一些性伦理学或欲望伦理学，乃亦有可以对观之处。

诚如李幼蒸所描述，西方伦理学主要探讨了人际关系及社会正义与个人生存意义和目标，但对于主体道德实践之根据却未及探究。真正的主体伦理学要从康德才开始。而从弗洛伊德到拉康，则又走上一条颠覆主体伦理学之路，开展出一种欲望伦理学，注重无意识欲望之性质与目标之研究[①]。

---

① 李幼蒸：《欲望伦理学：弗洛伊德和拉康》，嘉义，南华管理学院，1998。

当代新儒学曾经借助于康德的哲学，重新把儒家，特别是孟子学中讲主体道德实践之根据（也就是心性）的部分发扬光大。可是关于儒家对于欲望、情、气、才、好色的思想，却囿于宋明理学及康德的格局，而未予正视，亦缺乏相应之理解，以致无法开展出一个足以与西方尼采、弗洛伊德以后思潮相对观的思路。迩来，透过诸如孟子“形色，天性”等说法，儒家身体形色或形气观，已渐被注意。但儒者好色之意却仍讨论甚少；好色与诚意修德之间的关系，论者尤罕齿及。儒者祖述尧舜，而尧舜乃有房中术传世；董仲舒教人循天而动，亦以房中为说，凡此等等，当代儒者，大概根本听都没听说过。

可是，若我们再仔细看看这一面，就可能会有不同的一些理解。如《传习录》说：“圣贤教人知行，正是要复那本体。故《大学》指个真知行与人看，说如好好色。”这不分明是以好色的心为本体吗？这个心，从其受之于天说，固然可以说它是超越的本心，却也同时是指欲望。可是这个欲望发乎自然，故它即是天理，即是诚。弟子问：“如好好色、如恶恶臭，则如何？”阳明答：“此正是一循于理。是天理合如此，本无私意作好作恶。”弟子又问：“如好好色、如恶恶臭，安得非意？”阳明答：“却是诚意，不是私意。诚意只是循天理。虽是循天理，亦着不得一分意。故有所忿懥、好乐，则不得真正。须是廓然大公，方是心之本体。如此，则知未发之中。”其意盖谓人见美色则好之，闻恶臭则厌之，是非常自然的事，是循天理而动。但若在色臭上起私意妄计、执著之念，而生忿嫉好乐，便成人欲。

如此论欲望，便有二层。同样的，好好色也有两层：诚意之好好色是心之本体、是良知、是知行合一、是循天理；但“好色则一心在好色上，好货则一心在好货上，可以为一乎？是所谓逐物”，“饮酒便一心在饮酒上，好色便一心在好色上，却是逐物，成甚居敬工夫？”这便是私利人欲，因为它已有所偏倚，“偏倚是有所染着，如着在好色、好利、好名等项上，乃见得偏倚”（均见卷上）。

弗洛伊德曾将心灵合为三层：“本我”指本能、无意识、性能力之源；“自我”指意识；“超我”指道德良心、理想等。而其中超我又辄与本我贴近。若我们不细谈其实际说解内涵，只从形态上论，阳明所谓本心良知，所指略如超我之层次；谓人能好好色，略知本我之层次；私意染着，则略如意识之作用。至于他将本心良知和好色本能联结在一块讲，也有弗洛伊德“说超我永远贴近本我，并可作为它相对于自我之代表”之气味。

这样比附，当然为论阳明学者所不许。因为阳明讲好好色之诚，重在发明本心良知，故“先生尝谓：人但得好善如好好色、恶恶如恶恶臭，便是圣人”（卷下）。弗洛伊德把超我与本我贴合起来说，却重在讲本我无意识，对超我实少发挥，两者方向宗旨都不相同。

这些不同，吾人不可能不知。但作为理论上的对观，恰好不必求同。阳明之处理，适足以与近代西方伦理学之发展相对话，是显然无疑的。

同样，拉康认为人的欲望存在于人际环境中，人所寻求的乃是被他人承认的欲望。因此，所谓主体，那种形而上学式的先验主体，或统一的、综合的自我理性并不存在，自我乃是一种主体间现象。同时，自我的主要功能不是理性认知，而是欲望。这与船山之论情，不也可以做很有趣的对比吗？我们讲过，船山论性情，以性行于情中，故情才是更重要的。而船山所说的情，又是无自性的，无其自体，只存在于心之动几与物相接之间。这种思路不也是值得再进一步分析的吗？

龚鹏程

出版后记

提到养生，相信中国人一定都耳熟能详。论及中医养生之法，今人多以为是沿袭自道教、佛教的修行功法和宗教观；而儒家养生，却是鲜有耳闻。然而，真正影响中国人养生观更深者，应该是儒家。

《仁者寿：儒门养生法要》一书，即是介绍儒家千百年来提倡的养生观。作者龚鹏程，深感现代都市人群对身心安顿的迫切诉求，而充斥坊间的各色养生之法却鱼龙混杂、缺乏规范，故正本清源，带领读者直抵中医养生传统的主要来源——儒家思想，向古圣先贤求教人人关心、日日可行的养生真谛。

儒家的养生学说建立在“仁”的基础上，即“仁者寿”。书中介绍了儒家所倡导的诸多有关养生的基本理念和具体方法：养其天和，心舒志平，气和欲节，方能长寿永乐。作者还从诸多儒家经典中摘取多段养生金言，辅以平实易懂的释义，让普通读者也能原汁原味地领略儒门养生思想的精妙之处。

诚如作者所言，中国人的养生观念可追溯至数千年前，其理论学说、修习法要堪称纷乱繁复。对儒家修身之学深感兴趣的读者，可以经由本书作入门参考，慢慢寻绎，或许对儒学也会产生些新的认识和领悟；对想学习中国古代养生之法，修养身心、以求健康长寿的朋友，相信您阅毕此书，定能发现一条新的养生法门——“致中和”，“仁者寿”。

服务热线：133-6631-2326　139-1140-1220

服务信箱：reader@hinabook.com

后浪出版咨询（北京）有限责任公司

2013年8月

图书在版编目（CIP）数据

仁者寿 / 龚鹏程著 .——北京：世界图书出版公司北京公司，2012.11

ISBN 978-7-5100-5323-8

Ⅰ . ①仁…　Ⅱ . ①龚…　Ⅲ . ①儒家–道德修养–研究

Ⅳ . ① B222.05 ② B82–092

中国版本图书馆 CIP 数据核字（2012）第 232459 号

仁者寿：儒门养生法要

著　　者：龚鹏程　筹划出版：银杏树下　出版统筹：吴兴元

责任编辑：王　頔　郝　佳　营销推广：ONEBOOK　装帧制造：墨白空间

出　　版：世界图书出版公司北京公司

出 版 人：张跃明

发　　行：世界图书出版公司北京公司（北京朝内大街 137 号　邮编 100010）

销　　售：各地新华书店

印　　刷：北京联兴华印刷厂（北京通州区张家湾皇木厂　邮编 101113）

（如存在文字不清、漏印、缺页、倒页、脱页等印装质量问题，请与承印厂联系调换。联系电话：010–61501799）

开　　本：690 毫米 ×960 毫米　1/16

印　　张：14.5　　插页 4

字　　数：209 千

版　　次：2013 年 10 月第 1 版

印　　次：2013 年 10 月第 1 次印刷

读者服务：reader@hinabook.com　139–1140–1220

投稿服务：onebook@hinabook.com　133–6631–2326

购书服务：buy@hinabook.com　133–6657–3072

网上订购：www.hinabook.com　（后浪官网）

ISBN 978-7-5100-5323-8　定　　价：32.00 元

《保健按摩》

著　　者：谷岱峰
修 订 者：谷荣生　谷庆璋
书　　号：978-7-5100-3094-9
页　　数：132
出版时间：2011.04
定　　价：19.80元

经典重现　中国历史上影响最大的按摩保健秘法，八段锦发扬光大者
完整版本　补足历史原因删却的核心秘技

锦是以提花工艺织造彩色花纹的丝织品。古人把他们创造的保健动作比做美观悦目、五颜六色的锦；又因保健动作有八段，所以称为八段锦，含有动作简练而效用显著的意思。

因为本书的出版，八段锦在中国得以广泛传播。

本书是一套经典的传统按摩技法，是我国解放后最早出版的按摩类著述，主要包括浴发、浴面、浴太阳穴、浴颈、搓耳、浴肩等方法。

按摩是以中医经络学说为基础，通过一定套路手法对经络循行的主要穴位、孔窍进行按摩，借以疏达人体经络气血，开通闭塞，调和阴阳，达到增强体质、防治疾病的作用。现代医学也认为，通过系统按摩可调节大脑皮层和植物神经功能，改善全身血液及淋巴循环，提高免疫抗病能力，增强皮肤肌肉张力，促进消化功能，从而有利于健康。

本次出版，我们将整套功法所有内容全部恢复，正文部分采用了谷家后人谷荣生整理的白话文重订本。谷岱峰原始手稿本则完整地刊布在附录1中。附录2追本溯源全面梳理了长沙马王堆三号汉墓出土的帛书导引图的内容。马王堆导引图写定的时代距今约2200年，是我们今天能够看到的保健按摩功法最古老的文本。我们对这一整套西汉早期的导引功法做了释文和白话解释，扫清所有文字障碍，供大家与附录1中所写的内容相参比印证。

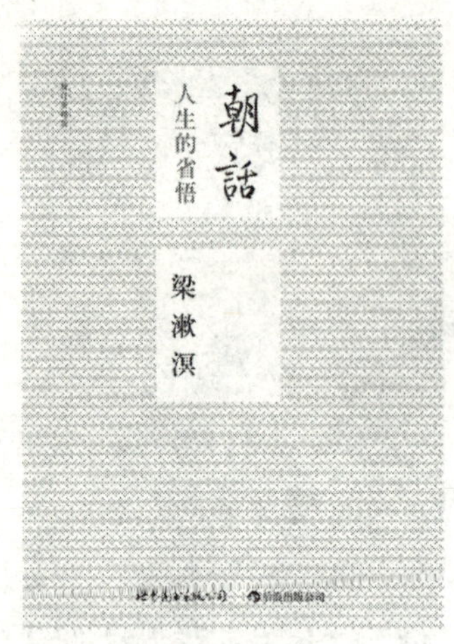

《朝话：人生的省悟》

著　　者：梁漱溟
书　　号：978-7-5100-2414-6
页　　数：272
出版时间：2010.12
定　　价：25.00元

二十世纪的《论语》“最后一位儒家”的人生语录

诚挚、智慧、刚健

自1937年《朝话》首次问世以来，据现有可查得的资料，这应该是第十版了。这表明此书确有可取之处，因而为一些读者所喜爱。首次出版距今已七十三年，七十多年来社会巨变，人们的思想面貌的变化也是“今非昔比”，而且似较以往更为混乱与浮躁。在这种情况下，一本七十多年前以注重讲求身心修养为主的书，至今仍为人们所爱读，应该说是件值得欣慰的事。因为这说明人们不仅关心物质生活的改善，而且还关心自身的身心修养与精神境界的提升。

——梁培宽

聆听喷薄朝阳下的箴言　书中讲话并非系统的学术演讲，而是对日常生活有所诏示启发的即兴言谈。内容涉及人生修养、治学方法、社会问题、学术文化，发自肺腑，亲切隽永。自第一版至今已逾半个世纪，一直深受广大读者喜爱，充分证明书中的内容具有超越时代的永恒价值。

践行自觉自主的人生准则　梁漱溟之所以被称为“最后一位儒家”，就是因为他始终贯彻着言行一致、自觉自主的人生准则，这是儒家最核心的精神。这种精神贯穿于书中的讲话，使得这些讲话具有质朴真诚的品质，任何读了这些讲话的读者都会受到影响，从中受益，从而培养起自己言行一致的人生准则。